4·3과 여성 5,
고통의 기억, 그 너머에서

4·3생활사총서 5
고통의 기억, 그 너머에서

구술·채록 허영선 양성자 허호준 염미경 조정희

엮은이 제주4·3연구소
펴낸이 강정희
펴낸곳 도서출판 각 Ltd.
초판 인쇄 2023년 12월 13일
초판 발행 2023년 12월 20일

도서출판 각 Ltd.
주소 (63168) 제주특별자치도 제주시 관덕로6길 17 2층
전화 064·725·4410
팩스 064·759·4410
등록번호 제651-2016-000013호

ISBN 979-11-93870-11-2 03910
값 15,000원

* 이 책 내용의 전부 또는 일부를 재사용하려면 반드시 지은이와 출판사 양측의 동의를 받아야 합니다.
* 잘못 만들어진 책은 구입하신 곳에서 교환해드립니다.

4·3생활사총서 5

4·3과 여성 5,
고통의 기억, 그 너머에서

제주4·3연구소 편
글·허영선 양성자 허호준 염미경 조정희

목차

책을 펴내며 · 7

강숙자 · 터진목에만 가면 서러워 · 13
고옥화 · 낭 장사하고 학교 가야 했어 · 51
김옥자 · 죄를 묻지도 않고 어떻게 그렇게 합니까 · 87
문희선 · 다행이난 이때까지 살아진 게 · 135
신희자 · 바느질 매듭 풀 듯 · 163
정순희 · 쥐와 고양이, 그리고 열두 살 소녀 · 193

책을 펴내며

이루 말할 수 없는 날들에 대한 기록

허영선(제주4·3연구소 소장)

"어떻게 말로 다합니까." 어떤 기억은 자신의 말을 넘어설 수가 없다. 어떤 기억은 온 몸에 달라붙어 떨어질 줄 모른다. 저 참혹했던 4·3을 살았던 누군가에게 그 고통으로 감겨진 기억은 여전히 현재다. 그러니까 이루 말할 수 없는 날들의 이면에 조금은 닿을듯도 하다.

4·3의 겨울이 또 다시 거세게 우리에게 왔고, 우린 이제 그 말들을 서둘러 정리해야 했다. 기억이란 것은 이미 바닥에 엎드려 있다가, 일어설 줄 모르다가, 어느날 부활하기도 한다. 이번 작업 속에서 우리는 그것을 다시 한번 확인했다. 처음 뱉어냈던 말들이 모든 것이 아니고, 그 밖의 것들을 들어주고 질문하는 자에 의해 또 기어이 살아나기도 한다는 것을.

제주4·3연구소는 4·3이 꽉 억눌려 숨조차 쉬기 어렵던 시절부터 4·3을 살아낸 사람들의 4·3을 기록해왔다. 《4·3과 여성》 시리즈를 시작한 지 어느새 5년이 흘렀다. 이 세월 동안 4·3으로 뒤엉킨 개인사를 살아내야 했던 여성들을 기록했다. 이들 가운데 세상을 떠난 분들도 우리는 마주한다. 그러나 그의 목소리는 기록으로 남게 됐다. 흩어진 기억들은 촘촘히 재생하고 기록되면서 비로소 역사적 생명력을 얻는다. 이것은 처음 이 시리즈를 기획하고 낸 첫 번째 책

《4·3과 여성-살아낸 날들의 기록》을 세상에 내보내면서부터 확신하게 했다.

묻혀졌던 4·3속 여성들의 일상, 생활사를 기록한다는 것은 4·3의 진실규명 과정과도 같은 선상에 있다. 이러한 맥락에서 이 책이 갖는 의미와 성과를 돌아본다면 파급력은 출발보다 컸다고 볼 수 있다. 4·3 진실규명의 토대가 되었던 1차 자료가 증언에 있다는 것을 볼 때 그것은 설득력을 갖는다.

무엇보다 이 구술집은 최초로 영문판 번역의 기회를 얻었다. 이로인해 해외의 연구자들과 4·3에 입문하는 이들에게 닿을 수 있었다. 이 증언을 텍스트로 한 논문이 발표되는 등 일련의 성과도 낼 수 있었다. 4·3을 살아낸 여성들의 생생한 목소리를 국제적으로 내보냈다는 것은 비로소 4·3 소통의 길이 열렸다는 것을 말한다.

그럼에도 우리는 이번에 또다른 중요한 부분들을 놓치고 있는 것은 없는가 들여다봐야했다. 이 다섯권 째 책에 대해서다.

우리는 이번 공동 작업의 방향을 4권까지 담아내지 못했던, 비어있는 지역들에 대해 눈을 돌리기로 했다. 제주도 전 지역 여성들의 '4·3과 생활사'를 채워넣어야 4·3속 삶의 형태를 총체적으로 들여다볼 수 있기 때문이다.

그동안 채록 대상자들은 제주읍 9명, 조천면 5명, 구좌면 4명, 남원면 1명, 안덕면 2명, 대정면 3명, 애월면 1명 등이었다. 4·3의 전체상을 조망하고 차후 연구를 위해서도 지역의 균형은 중요했다. 때문에 이번 책의 채록 대상자는 서귀면, 중문면, 한림면, 성산면, 표선면으로 한정하기로 했다. 물론 그만큼 대상자 선정에 어려움이 있었던 것도 사실이다.

서술은 여전히 예전 기조를 이어 가기로 했다. 날 것의 제주어를 그대로 남기고 싶었으나 그것은 일차 자료로 남겨두고, 대중성 가독성을 위해 거의 표준어로 갔음을 밝혀둔다.

이제 이 5권에 실린 사람들의 기억과 삶을 말하자. 여기엔 그들이 살았던 지역의 학살에 대한 목격과 경험이 들어있다. 또한 4·3 후유장애를 겪고 있는 여성들이 직접 당했던 총상과 고문의 흔적까지 담겨 있다.

강숙자는 성산면 수산리 출신. 그녀의 어머니는 1948년 11월 27일 성산포 터진목에서 학살됐다. 갓 돌이 지난 그녀는 어머니의 등에 업혀 터진목으로 가다가 죽음을 직감한 어머니가 마침 그곳을 지나던 신양리 이웃에게 맡겨 살아난 경우다. 4·3은 6채나 되는 할아버지네 집을 모두 태웠고, 아버지의 행방불명, 어머니의 죽음을 가져왔다. 이모의 품에서 자란 그녀는 15살 무렵까지 이모를 어머니로 알고 자랐다.

그녀의 노동은 농가에서 이뤄지는 일 거의 전부였다. 특히 물질은 삶의 원천이 됐다. 물질은 가정을 일구고 자녀들을 교육시키는 원천이었다. 농사를 짓거나 보험 외판을 하다가 물때가 되면 바다로 달려갔다. 일본에서도 물질을 했다.

강숙자에게 온 기적같은 일은 어머니가 돌아가신 지 69년 만에 이묘하다 어머니의 은반지를 발견한 것. 그순간 흡사 어머니가 살아온 기분이었다. 강숙자는 지금도 터진목에만 가면 서러움이 밀려온다고 말한다.

1943년 서귀포 태생의 고옥화는 여섯 살 때 아버지를 잃었다. 그녀의 아버지는 다만 메밀밭에 가려고 준비하던 아침에 느닷없이 불려 나간 후 끝이었다. 마을의 가장들 열다섯이 이날 서귀포 소남머리에서 한꺼번에 희생됐다. 과수원 일을 하던 그녀의 작은 아버지 역시 마을 청년들과 함께 끌려가 행방불명됐다. 이때 마을 청년들과 함께 차에 올랐던 작은아버지는 제주국제공항에서 유해로 나타났다. 어렸으나 그녀는 학교 마당에서의 학살, 작은 아버지가 차에 실려 가는 장면 등을 목격했다.

어머니는 오로지 외동딸이 된 고옥화 하나를 품고 살다가 101살을 일기로 세상을 떴다. 어머니와 단 둘이 살면서 초등학교 5, 6학년 때부터 한라산 기슭까지 나무하러 갔고, 그 나무를 팔러 다녔다. 열다섯 살엔 감귤 접목, 양재점 기술까지 손으로 할 수 있는 일은 대개 다 했다. 지금은 왜 아버지의 죽음을 묻지 못하고 살았나 생각한다.

토산리 태생의 김옥자는 당시 열한 살로, 1948년 12월 표선백사장에서 아버지와 샛아버지 작은아버지 모두 세 분을 잃었다. 학생이었던 오빠는 행방불명. 왜 아무 죄도 없는 사람들이 죽어야 했는가란 의문을 늘 품고 살았던 그녀는 어려서부터 할아버지의 심부름을 도맡아 했다. 마을 회의까지 할아버지 대신 참석, 마을 삼촌들한테서 여자아이가 참석했다고 마음의 상처를 입기도 했다. 그러나 아들들 모두 잃은 할아버지의 홧병을 마음으로 이해했다. 1남2녀 가운데 장녀로 태어나 거의 가장의 삶을 살아야 했던 김옥자는 어려서 밭일, 물질을 닥치는대로 해야 했다. 가장 한스러운 것은 공부. 미칠 정도로 공부를 하고 싶었으나 1948년에 4학년 교과서 타놓고 선생님한테 교과서 설명 한 번도 못 들어보고 그걸로 끝이었다. 왜 죄라는 것을 묻지도 않고 그 사람들을 다 죽여야 했는가란 물음이 지금도 떠나지 않고, 4·3의 기억이 떠나질 않는다.

1938년 남원읍 하례리에서 태어난 문희선은 4·3후유장애자다. 그녀는 7남매 중 맏이로 태어났다. 4·3 와중에 다리에 총상을 입어 다 죽을 것으로 알고 모두 포기 할 뻔 했다. 서귀포 병원에서 치료를 받게 되면서 가족과 함께 서귀포에 살게 되었다.

'삶이 좋을 때든 어떻든 살아가는 거지'라고 말하는 그는 다리에 입은 총상으로 평생 평범한 일상을 살 수가 없었다. 4·3 생존희생자로서 자신의 삶에 대한 성찰과 이해의 한 서사를 보여주고 있다. 그녀가 하는 원망 섞인 말이다. 안 당한 사람은 모른다는 그녀는 시시때때로 '왜 나만 다리에 총을 맞았나' 그때 아예 죽었다면 어땠을까 하는 원망이 밀려온다.

목욕탕에도 가면 상처난 다리를 내놓기 싫어서 수건으로 가린다는 그녀. 지금도 그 생각을 떠올린다는 것은 생각하기조차 싫은 기억이고, 그때 기억은 생생한 현재로 다가온다.

신희자는 1940년 생으로 한림읍 대림리 출신. 예비검속으로 아버지가 총살되어 만뱅디 묘역에 합장되었다. 오빠가 셋인데 첫째 오빠는 서울대학교 상과대학 재학 중 한국전쟁으로 납북되었고, 둘째 오빠는 오현고등학교를 중퇴하고 가업(방앗간)을 운영하다 폐결핵으로 돌아갔다. 농협 다니던 셋째 오빠는 연좌제로 오랫동안 정신병을 앓았다. 4·3시기 이웃마을 보다 한림지역은 특히 위험한 지역이어서 마을 어머니들이 한림 젊은 여성들을 대구 등 방직회사로 많이 보냈다고 기억한다. 신희자는 둘째 오빠의 병으로 신변이 위험해지자 제주시 양재학원교육을 마치고 서울을 거쳐 대구로 가 양장점을 차렸다.

22세에 귀향, 한림 최초의 양장점을 운영하다 27세에 결혼하고 그만두었다. 그러나 경제적 가장이 되자 다시 양장점을 하였고 지금도 한복집을 30년 째 하고 있다. 마음의 병을 다스리려 70세부터 시를 쓰고 그림을 그리고 있다.

1935년생 정순희는 중문면 강정리 출신이다. 강정에서 태어난 후 한 번도 강정을 떠나본 적이 없다. 열두 살 어린 나이에 서북청년 군인들에게 끌려가 모진 고문을 당했던 강정국민학교 옆에 집을 짓고, 자신의 눈앞에서 총살당한 어머니가 죽어간 메모루동산을 매일 같이 넘어 다녔다. '폭도새끼'라고 등을 돌렸던 마을 어른들의 얼굴을 매일 마주하면서, 75년을 숨죽여 살아왔다.

깜깜한 밤이면 열두 살 그날처럼 쥐와 고양이가 타닥타닥! 자신의 온몸을 휘젓고 다닐 것만 같아 조그만 불빛에도, 바스락거리는 소리에도 도저히 잠을 이룰 수 없다. '망상장애'라며 한평생 정신과·신경과 약을 한 움큼씩 처방해 준 의사들은 4·3을 모른다며 진단서를 제대로 써주지 않았다. 지금은 '4·3후유장애인 불인정' 딱지가 '폭도새끼'라는 낙인보다 더 아픈 응어리로 남아 버렸다.

너무나 압도하는 삶의 이야기들로 쌓여진 세월들이다. 온전히 그들의 4·3과 그들의 생활사를 담아낸다는 것은 여전히 조심스럽고 어렵다. 혹여 빠진 대목이 있을 것이기에 짚고 또 짚었다. 그럼에도 미진함은 남을 것이다.

봄이 올 것이다. 봄의 힘을 빌어 아마도 이 책이 작은 위로가 되기를. 그 혹독한 4·3의 기억으로 육신과 정신이 아프고 고통스런 세월을 살아낸 이들이여, 그럼에도 그 이상의 삶을 일궈낸 이 아름다운 여섯의 어머니여, "결국은 아픈 대지 위에도 끝내는 살아서 파릇파릇 꽃을 피워낸다는 것입니다." 말하고 싶다.

지속적으로 이들의 삶을 함께 다독이며 기록하고 있는 집필진들에게 고마움을, 함께, 여전히 이 작업에 함께하고 있는 도서출판 각의 박경훈님과 편집부에 감사드린다.

터진목에만 가면 서러워

강숙자
_1947년생, 성산 수산, 신양리 거주

나, 숙자, 신양리

　이름은 숙자. 1947년생. 성산읍 신양리라. 우리 어머니 오계춘, 아버지는 강태형. 원래 고향은 성산읍 수산리인데 4·3사건 때 어머니 고향 신양리로 온 다음에는 신양리에서 쭉 살고 있지. 아버지는 그 시국에 행방불명되고, 어머니는 음력 시월 스무일렛날(1948년 11월 27일) 돌아가셨어. 그때 어머니 나이 서른여섯살, 아버지는 어머니보다 세 살 적어. 어머니는 내가 태어나서 한달 넘은 두 살에 돌아가셨다고 하거든.

　어머니 나이 서른넷 나도록 자식이 없으니까 아버지가 여자를 얻어서 딸을 낳았어. 경헌디(그런데) 그 아기가 그만 얼마 안 살고 죽어버렸어. 귀한 아기 죽었다고 애석해하던 참에 우리 어머니가 아픈 거라. 죽을 병이라도 걸렸는가 했는데 임신한 사실을 몰랐던 거지. 서른넷에 나를 가졌어. 어머니가 열 여덟에 시집가서 서른 넷 나도록 아기가 없다가 나를 낳았으니 얼마나 귀할거야.

　경헌디 그 사건이 터진거 아니?

　곧 태어나자마자 호적에 올릴 수도 있었는데 아버지가 호적에 넌서 올리민

성산포터진목 전경.

죽는다고 조금 있다가 올리려고 했어. 그렇게 하다가 4·3이 나서 출생신고를 못하게 된 거지. 그때 옆집 삼촌(동네 이웃을 삼촌이라고 부른다)이 면사무소에 다니니까 아버지 어머니가 "이 아이 호적에 올려줘" 하니 "알아수다, 알아수다"고만 했다고 해. 아버지는 확인하지도 않고 호적에 올렸다고만 생각한거지. 동남국민학교를 졸업했는데 학교에 다닐 때도 호적이 없는데 어떻게 다닐 수 있었는지 나도 이해가 안 돼.

나중에 결혼해서 남편이 호를 놓으려고 해서 면사무소에 가보니까 출생 신고가 되지 않았다는 거야. 그제서야 남편이 10월 13일로 올려서 내 호적을 만들게 됐지. 고모님 말씀 들어보면 내가 7월쯤에 태어난 거 같다고 하지만 정확하게 난 날을 몰라.

열여덟살부터 이삼년 동안 육지 물질 다녔는데 그때는 주민등록증(주민등록증 제도는 1968년부터 시행됐다)이 없고 도민증이라는게 있었거든. 육지 물질 갈 때는 항시 그걸 갖고 다녔어. 호적이 없는데 도민증이 나올 수 있어?

언니한테 이 애기 데려다줍서

아이고, 우리 어머니가 나를 살리려고 얼마나…. 당신은 죽어지리라고 생각은 안 한 거라. 아버지가 직접 개입한 것도 아니고, 당신도 무관한 일이고 하니까 죽어질 걸로는 생각하지 않았던 것 같아. 당신은 아무 죄가 없기 때문에 "무사 날 죽이리"(설마 나를 죽일까)했던 모양이라. 그러니 집에서 나오라고 해서 터진목으로 끌려갈 때도 날 업고 간 거야.

그때 우리는 수산에 살았거든. 끌려가면서 어머니는 죽으러 간다는 예감이 있었던 것 같아. 터진목에서 이 사람 저 사람 총살하면서 다 죽이고 있으니까 어머니가 "우리 형님(어머니의 언니)한테 어떻게 해서라도 자식을 보내야겠다. 내가 죽어도 이 아기 만큼은 살려야 되겠다"고 생각했던거지. 하필 내가 살아나려고 하니까 그 사람을 만났는지 몰라, 그 순간에.

성산면사무소에 다니는 신양리 오원복이라는 분이 퇴근해서 집으로 돌아가다가 어머니를 만난 거야. 그 분을 만나니까 입고 있던 세루치마 세루저고리하고 목수건으로 나를 탁 감싸서 그 분한테 건넨 거라. 신양리 우리 이모님 옆집에 살았거든.

"우리 형님한테 이 애기 꼭 데려다줍서."
(내 언니한테 이 아기를 꼭 데려다주세요)

어머니가 얼마나 절박했으면 그 와중에 나를 다른 사람에게 맡겼겠어. 당신 핏줄, 핏덩이 같은 아기 살리려고 죽으러가면서도 맡겼다는 생각을 하면…. 나

해녀복을 입은 강숙자

중에 말 들어보면, 나를 업고 오는 순간에도 그 분이 엄청 무서워했다고 해. 죽으러 간 사람 자식을 업고 오려니 가슴이 탕탕 뛰고 무서울 수밖에 없었겠지. 그런 생각 들면서도 죽어가는 사람이 부탁한거니까 업고 와서 이모님한테 나를 건네준거야. 그래서 내가 이모님 손에 자라게 됐지. 그때 이후 쭉 이모님네 집에서 자랐어.

터진목에서는 사람들을 한꺼번에 죽이지 않고, 며칠 있다가 몇사람 잡아가서 죽이고, 죽이고 했어. 어머니 돌아가시는 날도 여러 사람이 돌아가셨고, 그 뒤에도 터진목에서 고성이나 수산 사람들을 잡아다 죽이고, 시체들이 터진목에 널브러졌다고 하니까.

어머니가 돌아가신 다음에 외할아버지하고 이모들이 학살터에 가보자고 해서 갔대. 가서보니까 어머니가 쓰러졌는데 총알이 오른쪽 팔과 옆구리를 관통해서 돌아가셨다는 말을 들었어.

말 들으면 살려준다고 했지만 거절한 어머니는 희생돼

그때 어머니를 살려주겠다고 한 사람이 있었어. 자기 말만 들으면 살려주겠다고 말이야. 경찰인지 군인인지는 모르겠어. 그 사람이 우리 어머니를 총살한 사람이라. 어머니가 아주 영리하고, 외모도 좋고 깔끔했던 것 같아. 터진목에서 차례차례 총살하면서 죽였는데, 어머니 차례가 돌아오니까 자기 말을 들으라고 했어. 그러면 살려준다고.

"내 말을 들으면 살 수 있어. 내 말을 들어."
"나는 아무런 죄가 어수다. 남편도 살아있고, 자식도 있는데 내가 어떻게 말을 들으쿠과."

어머니는 남편이 시국에 가담한 것도 아니어서 아무런 죄가 없으니까 죽을 이유가 없는데 "왜 당신 말을 들어야 하느냐"는 뜻으로 거절했던 거겠지. 결국에는 그 사람이 총살했어. 그렇게 한 다음에 "오늘 너무 아까운 사람 죽었다"고 했다는 거라.

우리 어머니가 그 사람 말을 따랐으면 목숨을 부지했을지 모르지만, 죄가 없는데 왜 그 사람 말을 들어야 하느냐, 는 마음을 가졌는지 거절했던거야. 어릴 때 이야기를 들었는데, 어머니는 그 순간에 남편하고 자식을 먼저 생각했던 것 같아. 어떻게 그럴 수가 있을까? 말 들으면 살려주고, 말 안들으면 죽이고….

어머니 옷 입고 다닌 심방 덕에 살아나고

나는 자라는 과정에서 진짜로 힘들게 살았어. 모두 너나 없이 없을 때지만 아버지는 행방을 모르지, 어머니는 돌아가셨지 하니까 정말 힘들었어. 어머니 곁을 한시도 떨어지지 않고 살다가 어머니가 갑자기 돌아가시고, 먹을 것도 없으니 힘들 수밖에 없었지.

한참 어머니 젖을 먹다가 못먹고 좁쌀이나 고구마 같은 걸 먹으니까 설사로 다 훑어버려서 내가 죽게 됐다는 거라. 먹을 것이라곤 좁쌀하고 보리쌀, 고구마 그런 것 밖에 없었거든. 그걸로 죽을 끓여서 먹으면 설사로 다 나와버려서 이모네가 "이 아기 살지 못하겠다"고 걱정이 컸어.

우리 동네에 그때 고빌레라는 큰 심방(무당)이 있었다고 해. 어머니가 세루치마 세루저고리 입고 목수건을 하고 가다가 동네 삼촌(이웃 주민)한테 나를 맡기면서 그걸 벗어 나를 감싸서 보냈다고 했잖아. 그 심방이 와서 우리 이모님한테 하는 말이 "형님, 이 옷은 죽은 사람 옷이어서 아무나 입지 안 합니다"했다는 거라. 사실 이모님이나 입지 않으면 아무도 입지 않을 거였지.

이모님은 형제간이고 해서 입으면 자꾸 우리 어머니 생각이 날 거고 해서 입지 않았어.

모르겠어. 이모님이 내가 클 때까지 놔두려고 했는지는 모르지만 그 심방이 와서 "이 옷을 내게 주면 내가 입고 다니면서 이 아기를 꼭 살려주겠다"고 했다는 거라. 심방이 세루치마 세루저고리 입어서 아기를 살리겠다고 하니, 살려만 주면 그걸 못하겠냐고, 그렇게 해서 옷을 주었어.

그때는 옷감도 없고, 한복이 아주 귀할 때여서 그 옷을 주니까 심방이 그걸 입고 굿하러 다녔다고 해. 그렇게 해서 내가 조금씩 정신이 나는 것이 살았다고 하는 거야. 먹기만 하면 그저 괄락괄락 설사해버리고 먹지도 못했는데 심방 때문에 목숨을 건졌다고 해.

"아이고, 그때 죽으커란게만은 심방이 그거 허난 야이 살려줬주게"
(그때 곧 죽을 것 같더니만 심방이 그렇게 하니 이 아이를 살려줬지)

이모님이 다른 사람한테 그렇게 이야기하면서 나를 살렸다는 말을 여러번 하는 걸 들었어.

그 심방이 빌어서 그때부턴 밥도 먹고, 죽을 끓이면 조금씩 먹으면서 내가 대여섯살 되가니 건강해졌어. 건강하게는 됐는데 아무 것도 없는 시절이어서 여섯 살, 일곱 살 무렵엔 신발도 없이 한 여름 산 거 닮아. 그것이 자꾸 기억이 나는 거 보니. 신발이 없어서 맨발에만 다니니 발톱이 갈라져서 아팠던 생각도 뚜렷이 나. 그때가 한 일곱 살 정도 될 때였어.

강숙자 집 창고에 걸린 테왁.

어머니가 남긴 목수건, 스웨터 만들어 이모 하나 나 하나

어머니 세루치마 세루저고리는 그렇게 하고, 목수건은 아주 길고 넓은 거라. 옛날에도 어머니는 대마도로 물질도 가고, 일본서 식당도 했었다고 해서 잘 차려입고 다녔어. 그 목수건은 내가 열두살 때 쯤 될 때 풀어서 쉐타(스웨터) 두 개를 짜서 하나는 나를 키워준 어머니(이모) 입고, 또 하나는 내가 입었어. 우리 이모님 딸이 짰는데 뜨개질을 잘해. 어머니 목수건이 자주색이야. 자주색 스웨터를 입은 거지.

내려가지도 올라가지도 못해 헤맨 아버지

우리 할아버지네가 수산에서 아주 잘 살았어. 창고가 여러개였거든. 올망졸망한 집이 한마당에 여섯채가 있었어. 아래서 막 잡으러 다녀가니까 어느 날 작은 외삼촌(어머니의 남동생)이 우리 어머니한테 숨겨달라고 해서 찾아온거라. 외삼촌이 숨으러 왔길래 어머니가 할아버지 할머니 몰래 마흔날을 창고에 숨겨두고 솔짝솔짝(살짝살짝) 밥을 갖다 주었어. 날수로 마흔날이라고 했어. 우리 고모님 말씀이야.

그러다 시일이 오래 지나다보니까 동네 사람들도 알아버릴 것 같고, 발각될 것 같아서 어머니가 아버지한테 동생 데리고 가서 산길을 가르쳐달라고 부탁했어. 그래서 아버지가 길을 가르쳐주려고 외삼촌과 함께 집을 나갔지.

발단은 그거야. 4·3에 개입도 하지 않았는데 그렇게 해서 엮이게 된 거야.

그때 4·3에 가담한 사람들을 '폭도' '폭도'라고 불렀잖아. 아버지는 그런 사람들이 사는 데까지 가지도 못하고 길만 가리켜주고 내려오는데 팡팡 총소리가 나니 무서워서 집에 돌아오지 못하고, 따라서 같이 올라가지도 못하고 중간에서 막 헤맸다는 거라.

그 이후로는 어머니와 아버지가 만나지 못했어. 그때가 겨울이었다고 해. 그렇게 해서 숨어서 살다가 친족집을 찾아갔는데 "혼저(빨리) 가라. 혼저 가라." 밥이라도 해주면 혹시라도 피해를 볼까봐 그런거지. "갈 곳 찾아 가야 된다"는 말에 울면서 나오고, 여길 가도 못붙고, 저길 가도 못붙게 된 거라. 데려다주려고 갔는데 내려오지 못한 거지. 아버지가 그렇게 하는 와중에 어머니는 터진목에 끌려가서 총살당한 거야.

외삼촌은 일본으로 밀항, 아버지는 행방불명

그렇게 헤메던 아버지가 작은 외삼촌을 만나서 같이 신양리로 내려오게 됐어. 외할아버지 작은 아시(동생)가 아들이 없어서 작은 외삼촌이 양자로 들어간 때였거든. 이제 그 일이 닥치니까 작은 외삼촌하고 우리 아버지가 할아버지

신양리 카페에서.

집을 찾아 내려온 거지. 한 열 살 무렵에 그 이야기를 들어서 기억해.

　작은 할아버지 할머니네가 고팡에 구뎅이(구덩이)를 파고 그 속에 아버지하고 큰 외삼촌을 들어가도록 해서 남 모르게 솔짝솔짝 밥도 갖다주고 하면서 살렸어. 구덩이 위에는 널짝을 덮어서 물항아리를 갖다두었다가 사람이 오는 기척이 나면 그걸 톡톡 두드려서 신호를 보내. 그러면 안에서는 쥐 죽은 듯이 가만히 있기를 며칠을 했는지 몰라. 그러다가 할아버지네가 감자 빼때기(절간 고구마)를 팔아서 돈을 마련한 다음에 야매배(밀항선)로 외삼촌을 일본으로 보냈어.

　경헌디 우리 아버지는 같이 가지 못했어. 외삼촌이 같이 있었으면 그곳에서 조금 더 살 수 있었지만 외삼촌이 떠나버리니까 아버지는 혼자이고, 미안하기도 하고 해서 나온거지. 수산리 할아버지네가 부잣집이어서 연락이라도 했으면 어떻게든 돈을 마련해서 둘 다 일본으로 보냈을텐데 그렇게 하지 못했어. 우리 아버지는 사위라고 내버렸을까? 그게 지금도 이해할 수 없어.

나중에 들으니, 아버지가 제주읍까지 숨고 숨으면서 아는 사람을 찾아갔어.

"신양리 소문 들어집디가? 계춘이는 어떵했덴 헙디가?"
"아이고, 심어당 총쏘앙 죽여부렀젠 헙디다."
"아이는 어떵했덴 헙디가?"
"아이는 이모신디 업어다도랜 핸 업어갔젠 헙디다."

그 말 끝에 아버지는 막 울면서 그 집에서 나갔다는 거라. 울면서 나갔다고…. 그 뒤에는 아무 소문이 없어. 그것이 마지막, 마지막이었던거지. 외삼촌은 그때 이후 고향에 오지 않았어.

우리 어머닌 신춘이우다…나의 또 다른 어머니, 이모님

이모님 성함은 신춘이라. 오신춘. 나한테 이모님은 어머니라. 나도 '어머니' '어머니'하면서 따랐어. 이모님이 시집도 보내주고. 이모님 친척들이나 언니오빠도 다 가족처럼 대해줘서 다른 집 자식이라고 느껴보지 않았어. 똑같이 대해줘서 차별이라는 건 없었지. 이모님이 돌아가실 때까지도 어머니로 모셨어. 이모님은 어머니보다 위라. 이모님이 가끔 나한테 얘기해.

"어머니만 살암시민 고생안할건디…."

우리 이모님도 일찍 혼자가 됐어. 이모님한테 자식이 딸 하나, 아들 하나 해

성산포 위령제.

서 오누이가 있었어. 우리 외할머니, 그러니까 우리 이모님 신랑의 장모님이지. 외할머니가 쉰 넘어서 아기를 낳았어. 이모부 입장에서는 어머니였지. 어머니가 아기 낳았다고 바다에 다니지도 않던 이모부가 고기 낚아다가 고기국 끓여드리겠다고 바다에 나갔다가 폭풍을 만났어. 그때 나가서 집에 와보지 못해서 돌아가신거야.

그러니 이모님은 스물일곱에 혼자 들어서 아흔네 살까지 사시다가 돌아가셨지. 외할아버지도 막 좋은 분이라. 당신 딸 난 아기 때문에 사위가 고기국 끓이겠다고 바다에 나갔다가 그렇게 됐다고 해서 그 손자들을 잘 받아서 키웠어.

옛날은 대마도 물질을 다녔잖아. 삼촌들이 물질을 가게 되면 우리 이모님 집을 꼭 거쳐서 왔다갔다 했던 모양이라. 한 여남은살 때 보면, 나는 전혀 모르는 사람들이 집에 들려서 말하는거야.

"이거 계춘이 똘(딸)이로구나. 계춘이 똘인게."
"아니우다. 우리 어머닌 신춘인디 무사 계춘이엔 햄수과? 우리 어머닌 신춘이우다."
"아이고 요놈의 새끼 이추룩 컸구나."

고성리, 오조리나 성산리 해녀삼춘들인데 큰 일 때는 지나가다가 집에 들려서 내 손을 잡고 그런 말을 하는거라. 그러면 나는 "우리 어머니는 신춘이우다"라고 말하곤 했지. 그땐 "이 삼춘들이 나를 몰람꾸나", "저 사람들 이상한 사람들이네" 하고만 생각했주게. 나는 이모님 딸로만 알고 살았는데, 차차 커가면서 보니 그 삼촌들이 진짜로 우리 어머니를 알아서 그렇게 말했던 걸 몰랐던거야. 내가 어머니하고 얼굴이 비슷하게 생겼다는 거라. 그래서 나를 보니까 우리 어머니를 떠올렸던거지. 경허고(그리고) 날 보고 당신네끼리 말하는 거야.

"그놈의 시국을 잘못 만나서 족헌 아이 죽었져."
"자이(저 아이) 불쌍헌 아이여."

열두어살 넘어가니까 차츰차츰 이상하다는 느낌이 들었어. 이모님네는 정칩(정가)인데 나한테는 '강숙자' '강숙자' 하니까. 국민학교 다닐 때는 조금씩 "이집 오빠 언니네는 정씬데 무사 나는 강씬고"하는 생각이 드는 거라. 성이 다른데 이 집 딸은 아닌거 닮다, 하는 느낌이 오더라고. 우리 어머니가 따로 있구나, 하는 생각이 들었지. 열다섯 나니 내가 어머니라고 부르는 이모님이 어머니가 아니라는 사실을 확실히 알았어.

"아, 내가 이모안티 커졌구나."
(아, 내가 이모 손에 컸구나)

그런 생각을 하게 된 거라. 그래도 나는 이모라고 안했어. 이모님이 아흔네 살에 돌아가실 때까지 어머니라고 했지. 그때까지 '어머니' '어머니'하면서 살았어. 그리고 이모님이 그렇게 좋았어. 더할 나위 없이 좋은 분이었어. 이모라고 해서 한번도 나한테 '느 무시거 그거 핸디?'(너 왜 그거 했느냐)하는 야단을 해 본 적이 없는 분이야.

어린 날, 힘든 농사일에 아파 울기도

이모님네가 소하고 말을 많이 길렀어. 그나저나 소 먹이러는 어릴 때 잘도 다녔어. 일곱 살 쯤 되니 외할아버지하고 동네 소들 몰아 고코래(먹이러) 갔다가 저물면 다시 몰아와서 집집마다 자기네 소를 들여보내는 일을 했어. 아침마다 동네에서 기르는 소들을 내놓아. 그러면 당번으로 돌아가면서 몇사람이 고코래 가는 거라. 우리는 소가 많으니까 사흘에 한번은 우리 차례가 돌아와. 말은 말구르마 하려고 기르고, 소는 돈벌이로 밭 갈려고 해서 기르거든.

소 말 기르려고 하면 수산오름 부근에 가서 촐(꼴)을 베어오는데 겨울에 소를 다 먹이려면 백오십 바리씩은 해야 돼. 촐을 베어다 쌓아놓고 노람지를 덮어서 집 만큼이나 아주 크게 눌어. 그리고 작은 거를 하나 더 만들어. 그게 백오십 바리 정도되는 거라.

촐을 베어놓으면 구르마에 실어서 졸라매고 집에 와서 다 푸고, 또 실으러 갔지. 부지런히 해도 하루에 두 번 밖에 못가. 구르마로 가곡 오곡 하면 오전에 한 번, 오후에 한 번 밖에 가지 못해. 그 촐을 베고 양 옆으로 두 단이나 석 단

터진목 집단학살터 표지석 앞에선 강숙자.

들고하면서 다 날라. 아이고, 죽게 고생한거라. 죽게 고생했어.

  또 겨울이 되면 소 물 먹이러 다녔어. 여기 신양리에 물통이 있었어. 소 물 먹이러도 다니고, 또 그해 난 소는 다음 해에는 밭 가는 법을 가르쳐야 해. 그래야 소값을 많이 받거든. 어떤 때는 한 해에 말도 새끼 낳고, 소도 새끼를 두 마리 낳아. 그러면 먼저 난 새끼는 밭 가는 걸 가르쳐서 팔고, 나중에 난 건 더 있다가 뒷 해에 팔았지.

  소를 가르치려면 소를 이꺼야(끌어야) 되는 거라. 밭 갈 때만 되면 그나저나 하루도 빠지지 않고 소를 끌고 갔어. 할아버지가 잠대(쟁기)로 밭을 갈고, 난 소를 이끄는거라. 소를 끌고 가. 그래야 반듯하게 가고 오지, 제대로 이끄지 않으면 제멋대로 가버리거든. 소 먹이러 다니는건 여덟살 되니 할아버지 따라서 다니고, 열 살 때부터는 소를 이끌었어. 그러니 어릴 때라도 다리가 그렇게 아프

터진목에만 가면 서러워   29

더라고.

 이모님 딸, 그러니까 외사촌 언니가 결혼해서 아기 낳으니까 아기 돌보러 다니기도 하고, 열두어살 돼가자 이제는 밭에 검질(김) 메러 죽장 다녔어. 옛날은 조팟디(조밭에) 검질(김)을 맺잖아. 조팟디 검질을 매려고 하면 다리가 하도 부으니까 아파서 살지 못하겠다고 하면서 울기도 했었어.

열다섯 나는 해, "아버지 어머니가 따로 있구나"

 열다섯 나는 해에 수산에서 우리 삼촌들이 나를 찾아 데리러 왔어. 그때 우리 친정에선 어머니 제사를 거념하지 않았거든. 여섯커리(채) 집 모두 불타고 할아버지 할머니 돌아가시고 하니 제사 지낼 생각을 하지 못했어. 셩헌디 수산 사는 삼촌들이 와서 우리 어머니 제사를 모셔가겠다고 하면서 나도 데리러 온 거야.

 그때까지 외가칩(외갓집)에서 외할머니 제사를 하면서 어머니 제사도 같이 모셨거든. 마침 어머니 제사가 외할머니 제사하고 같은 날이어서 매(밥) 하나만 더 올려놓으면 됐었어. 데리러오니까 이젠 확실히 "우리 아버지, 어머니가 따로 있구나" 한 걸 알았지. 그때부터 수산에 맹질(명절) 먹으러도 가고, 잔치나 무슨 일 있으면 다니고 했어.

 그 다음해부터는 어머니 제사를 수산에서 지내서 내가 죽장 다녔어. 그제서야 삼촌이나 고모들이 있는 것도 알게 됐어. 그렇지 않을 땐 고모가 누군지, 삼촌이 누군지 몰랐지. 그저 신양리 이모님네 집에서 맹질 때 되면 맹질하고, 이모님 친척집에 맹질 먹으러 다녔으니까 이모님 딸로만 다닌 거라.

예지원 1일 학교(앞줄 오른쪽 네 번째).

무사 날 데려당 키우지 안해수과

할아버지 할머니는 그 좋은 재산, 그 좋은 집 다 불타버리자 홧병으로 돌아가셨어. 여섯채나 있던 집들이 모두 불타버렸으니 정신이 있었겠어? 내가 큰 다음에 고모님을 찾아간 적이 있어. 고모님이 다른 집 아이들을 데려다가 학교도 보내주고 시집도 보내줬거든. 고모님을 찾아가서 말했어.

"고모님, 놈 난 애기덜도 데려당 공부 시켜주고 시집도 다 보내주명 무사 난 데려당 보살펴주지 안행 이모영 살게 해수과?"

(남의 자식들도 데려다 학교 보내고 결혼도 시켜주면서 왜 나는 데려다가 보살펴주지 않고 이모하고 살게 했어요)

그때는 고모님이 탕탕 뒹구는거라. "네 외가 때문에 우리 집안이 쑥대밭이 됐다"고 하면서 말이야.

"느네 외가칩으로 행 우리 집이 이추룩 돼부러신디 느 돌아올 입장이냐? 느네 어멍 아방 살 땐 나라에 어신 애기 태어난 걸로 귀하게 여기당 보난 느네 외삼촌 따문에 우리 집안이 쑥대밭이 되영 다 못살게 되어신디 느 돌아당 어떵 질롸지느냐?"
(네 외가댁으로 인해 우리 집이 이렇게 돼버렸는데 너를 데려올 입장이니? 네 어머니 아버지 살 때는 나라에 없는 아기 태어났다고, 귀하게 여기다 보니 네 외삼촌 때문에 우리 집안이 쑥대밭이 돼서 우리 모두 못살게 됐는데 어떻게 너를 데려다가 키우겠느냐)

이모는 마음 속으로 많이 아팠을거야

고모님이 그런 말을 하면서 견디지 못해했어. 고모님도 그런 말을 하려니까 얼마나 속상했겠어. 그러니까 이모님이나 외할아버지는 외삼촌 때문에 돌아가셨다는 말을 하지 않았지. 나한테도 그건 딱 비밀로 했어. 내가 외삼촌 때문에 어머니 아버지가 돌아가셨다고 할까 봐 이모님도 입을 다물고, 어느 누구도 내게 말을 하지 않은거야. 그래서 아무 것도 몰랐던 나는 고모한테 가서 "귀하게 낳았다는 나를 왜 돌보지 않았느냐"고 했던거지.

고모님한테 그 말을 듣고 와서 이모님한테 말을 하니까 이모님이 아무런 대답을 하지 않았어. 이모님은 마음 속으로는 많이 아파했을거야. 당신은 알고 있어도 내게는 말하지 않고, 나중에야 "야이가(이 애가) 알았구나" 해서 마음 속으로 괴로웠을거야. 내게 "그렇게 했느냐"는 말도 하지 않더라. 마음 아픈 표

정만 짓고, 내색도 하지 않은 채, 그저 잠자코만 있었어. 이모님도 고모님도 다 마음이 아팠겠지.

어릴 때 우리 외할아버지가 "살 사람은 죽고, 죽을 사람은 살았다"고 하는 말을 몇 번 들었어. "네 아버지 아니었으면 아까운 내 딸은 안 죽었을 거다"고 하면서 당신 딸 죽은 일을 억울해했어. 하도 그런 말을 들으니까, 나는 처음엔 "아버지가 그디(산) 가담해서 어머니가 돌아가셨구나" 하고 생각했어. 외할아지가 살아계셨으면 외할아버지한테 가서 "할아버지네 아들 때문에 우리 어머니 아버지 다 돌아가셨는데 왜 아버지 탓했느냐"고 하소연이라도 해 볼 텐데 외할아버지가 돌아가신지 한참 될 때여서 그런 말을 해보지도 못했어. 그 말을 하면 어떻고, 안하면 어떨까마는…. 그래도 외할아버지나 친척들이 모두 내게 잘 해줬어. 사랑받으면서 컸지.

열여덟살부터 육지 물질…후회해본 적 없어

이모님네도 모두 물질하고, 동네사람이나 벗들도 다 헤엄치고 하니까, 물에 드는건 어릴 때부터 노상했어. 그게 물질 배우는 시초라. 열두어살 넘어가니 여기 해수욕장도 있어서 여름엔 더우면 해수욕 하러도 가고 하다가 물질을 배웠지. 옛날엔 모래사장이 좋았어. 처음에는 거기가서 파닥파닥 헤엄치고 놀다가 열세살 무렵에는 곳(수심이 얕은 곳)에 가서 천초 같은 거 장난삼아 뜯다가 진짜 물질한 건 열다섯에 시작했지.

육지 물질도 갔었어. 열다섯 나서 물질하기 시작해서 열여덟 나니까 육지 가기 시작했지. 처음엔 오수리(거제시 거제면)라는데 갔다왔어. 경남 오수리. 경북도 두해 갔다왔어. 경북 포항 구룡포에서 버스타고 장길리라는 곳에 다녀왔고. 없이 살아서 벌어야 하기 때문에 그렇게 육지 불질 다닌 거라. 육지 논벌이

하러 가면서 살다보니 그때부터는 소하고는 이별한거나 마찬가지였어. 육지 나가서 팔월 맹질 지나서 들어오면 촐도 베어서 눌어둘 때여서 소 이끄는 시기가 지났거든.

너무나 힘들게 살았고, 시집을 가서보니 신랑도 아무 것도 없는 사람. 옛날엔 넉넉하게 산 사람들이 별로 없었잖아. 그런 시절에 어릴 때 배운 물질이 크게 도움이 됐지. 물질을 안 하면 돈 날게 없었어. 지금은 오염돼서 오분자기나 전복 같은 게 없지만 그때는 물건도 바다에 많이 있었고, 물에 들기만 하면 남 부럽지 않게 잡았거든. 그렇게 하다보니 집도 짓고, 자식들 교육시키는데도 문제가 없었지. 먹고 사는데는 지장이 없었어.

물질해서 버스러서(벌어서) 집도 장만하고 밭도 샀기 때문에 물질해시 성공했다고 생각해. 물질해진 걸 후회해본 적은 한번도 없었어. 그리고 어머니가 도와줬을까? 그렇게 잘됐어. 무얼해도 손해보는게 없었어.

스무살에 결혼…시간없이 살았지

이삼년을 육지 물질을 갔다오다가 스무살에 결혼했어. 그때는 연애겸 중신 겸 해서 일찍 간 거지. 어릴 때여서 뭣도 모르고 간 거라. 좀 더 있다가 시집을 가도 되는데 너무 일찍 갔어. 경헌디 시집가도 아무 것도 없는데 가서 무척 힘들게 살았어. 집도 없고 밭도 없는 신랑 만나니까 그나저나 우리끼리 노력해서 살아야했으니까.

남의 집에서 육년을 살았어. 구들(방) 하나 부엌 하나 있는 조그마한 집 하나 구해서 육년을 살고, 칠년째 되는 해에 지금 사는 집을 마련했어. 남의 집 살면서 벌어서 이 집(현재의 주거지)을 산거라. 초가집을 사서 물질하고 몇 년 뒤에는 허물어서 새로 지었는데, 지금까지 그냥 살고 있어.

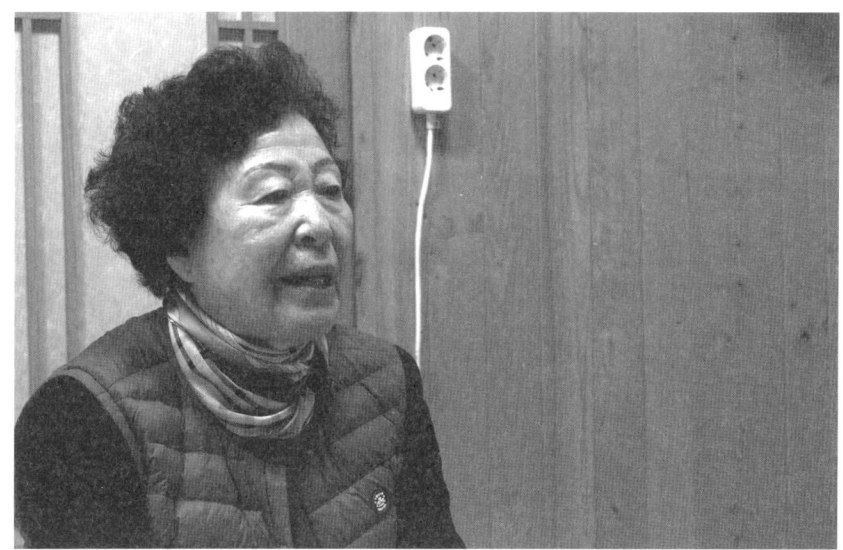

강숙자 집에서.

　농사도 지었주게. 당근, 유채도 하고, 고구마도 했어. 고구마밭에서 일하다가 물때가 되면 바다에 갔지. 다시 보험회사에 가고, 시간 없이 살았어. 세탁기도 없을 때 아이들 재운 뒤에 일어나서 청소하고, 빨래하고, 밥해 놔뒀다가 아이들 아침 먹고나면 가라고 해두고 바다에 갔어. 작은 아이는 큰 아이한테 맡겨두고 바다에 가려고 국민학교 1학년짜리 올 때까지 길가에 서서 기다려. 아기 돌봐줄 사람이 없어서 작은 아이를 맡겨두고 바다에 가려고. 나도 돌아다니기는 막 했주게. 물질하면서도 이것저것 했어. 해산물 장사도 하고.
　서오누이 낳아서 생활하고 학교 보내고 재산도 일궈야 하니까 부지런히 일해야 했어. 매일 바당(바다)에 다닌 거라. 매일. 지금은 아흐레 물질하고 엿새 쉬는데 그때엔 파도만 세지 않으면 계속 물질하러 갔어.

보험 외판하다가 물질하러 달려가고

보험회사도 몇 년 다녔어. 남편이 당근 장사 하다가 부도나기 전이었는데 내가 몸이 좀 아팠거든. 남편이 물질하지 말고 당분간 좀 쉬라고 했어. 동남에 있는 보험회사에 우리 신랑이 아는 사람이 다니니까 나더러 거길 다녀보라고 하는 거라. 경핸(그래서) 오륙년을 거길 다녔어. 그렇게 다니면서 몸이 건강해지니 보험회사도 열심히 다니고 물질도 다시 했어. 그렇게 하다보니 물질한거나 보험회사 다니는 거나 수입이 비슷했지.

아이고, 사는거 나같이 살라고 하면 어려울거야. 정말로 억척스럽게 살았어. 그러면서도 보험회사에서는 실적도 진짜 많이 올렸어. 다른 사람들보다 돈(월급)을 타도 내가 많이 타. 동료들이 고등학교 나오고, 요망진체 해도 날 만큼 못해. 그 아이들 나중에 월급 탄 거 보면 적자라. 월급 타서 꼴아박았다고 해. 그러면 내가 그 아이들한테 말해.

"느네 그추룩 허명은 이디 댕길 필요 엇다."
(너희들 그렇게 하면서는 여기 다닐 필요 없어)

돈은 한번에 버는게 아니야. 계산을 잘 해야지. 보험회사에 다녀도 수입은 한도가 있는 거라. 보험회사 다니다보면, 어떤 사람이 "나 들어주마", "어느 달에는 들어주마" 하면 동료들이 그때까지 기다리는 거라. 말한 사람한테 자꾸 접촉은 하면서도. 그 시기가 되면 "나 그거 기억하고 있어요"하고 들게 해야지, 보험 들어주겠다고 해서 몇 달씩 기다리다가 실적을 올리지 못하면 다급해서 자기 스스로 미리 대납해버려. 대납할 테니까 들어달라고 하면, 들어줘? 대여섯달 자기가 대납하다가 들어달라고 하면, 고객 입장에서는 한꺼번에 보험금을 내야하는데 힘들어서 낼 수 있나? 그럼 아예 안 들어버려. 아이들이 이만저만 손해가 아니라.

아이들이 나 월급 타는 거 보고는 "언니가 장땡이우다"(최고입니다) 해. 그리고 난 수금을 해도, 바다에 갔다와서 밤에 수금을 하면 뒷날 아침엔 입금을 꼭 해. 조금 늦어서 아침에 돌아다니면서 수금한 건 회사가 동남에 있으니까 오토바이 타서 가져갔지. 오토바이 타고 갔다가 돌아와서는 다시 물질하러 바다에 갔어.

당근 장사 실패…집안의 위기

내 마음속으로는 보험회사 1년만 더 다녀서 제주시에 가서 집을 하나 사려고 했어. 적금을 몇 개 들었었거든. 바다에서 물질한 거는 아이들 먹이고 입히고 하면서 다 쓰고, 보험회사에서 번 건 적금 몇 개 들어서 십원 한 장 안썼지. 딱 한 해만 그물면 적금을 타서 제주시에 가서 집을 사려고 한 거라. 그때는 일억원만 있으면 제주시에 가서 집을 하나 장만할 수 있었을 때였어. 1997년쯤 될 때난. "일억원만 만들어서 집 하나 사주" 하고 속으로 마음 먹던 차에 남편이 그 해에 당근장사를 하다가 부도났어.

그게 안된거라. 그때는 완전히 꼴아박았어. 빚을 물려고 하면 재산을 다 팔아도 모자랄 정도였어.

집 팔고 밭 팔아버리면 너무 힘들거니까 안 된다고 했어. 남편한테 그건 그냥 놔두라고 했지. 대신 적금 만기가 된 건 타고, 만기가 안 된 것도 중간에 모두 해약했어. 그걸로 조금이라도 빚을 물려고 말이야. 적금을 다 타니까 그때 돈으로 칠천만원 정도 된 것 같아.

집하고 밭이 넘어갈 정도가 되니 어떻게든지 벌어서 갚으려고 우리 부부가 일본을 갔어. 보험회사 동료 직원들한테 내 고객들을 모두 일임하면서 하나 틀리지 않게 전부 정리해놓고 일본 갔어. 그때는 아이들이 대학 다니거나 클 때니까 집에 없었거든. 집을 비워두고 갔어.

일본 생활로 빚 청산…온 종일 이어진 일본 물질

우리 부부가 일본 가서 공장에서 일하면서 돈을 보내서 빚을 다 물었어. 먼 친척들이 있어서 가기는 했지. 그때는 관광비자로 가면 십오일 밖에 살지 못해. 그래서 숨어서 살아야 했어. 불법체류자가 되는 거라.

오사카에서는 플라스틱 공장에서 일했어. 아침 아홉시부터 오후 다섯시까지 일했어. 남편은 일본 생활이 좋다고 했지. 뭐라고 하는 사람도 없고 출근해서 일하다가 퇴근하면 그것뿐이니까. 일하는 시간만 지키면 됐거든.

마침 제주도 출신 2세가 운영하는 공장이었는데 집을 공짜로 내줬어. 집도 깨끗하고 이불도 내주고 친절했어. 그 동네 일본 할머니가 "이 사람들이 누구지?"하고 구경도 왔었어. 우리가 일본어를 잘했으면 그 할머니하고도 친하게 지냈을텐데 일본어를 못해서 가근하게 사귀지는 못했어.

일본에서는 오사카에서 그렇게 있었고, 요코하마, 나라에도 있었지. 요코하마에는 신양리 사람이 있어서 벗하면서 같이 일하겠다고 해서 갔는데 거기서는 공장 일이 아니고 식당 같은데서 일했어. 그러다가 남편은 나라에 가고, 나는 물질하러 갔어.

남편과 있는데 어느날 친구들이 일본에 물질하러 왔다고 연락이 온거라. 신양리 친구 대여섯명이 일본 성게 잡는데 간다고 하면서 나한테 오라고 하는 거라.

"얼마주켄 햄시니?"(얼마 준다고 하니)

"공장보단 이디가 나실거여."(공장보다는 여기가 나을거야)

그때 일본돈으로 한달에 삼십삼만 원(엔)을 준다고했어. 성게 잡는 데서는 월급으로 줬거든. 계산해 보니까 우리 부부가 공장에서 일해서 버는 돈이나 나 혼자 친구들 따라가 물질해서 버는 돈이나 비슷해. 내가 남편한테 "당신은 여기서 일거리가 있으면 밥벌이만 허멍 살암십서. 난 벗들이영 그디강 물질허멍 버슬민 돈을 빨리 모을 수 있을거 닮수다"(당신은 여기서 밥벌이만 하면서 살고 있어요. 나는 벗들과 거기가서 물질하며 벌면 돈을 빨리 모을 수 있을 것 같아요)하고 설득해서 친구들 따라 물질하러 가게 된 거라.

미에현인가 시마네현인가 정확하게는 모르겠어. 거기도 섬이더라. 섬에도 비영기(비행기) 타고 갔는데 성게만 하는 곳이었어. 경핸 남편은 혼자 나라에서 살았지. 물질해서 벌면서 남편한테 보내주기도 했어.

아이고, 거기서는 물질만 물질만했어. 일본 바다도 물도 훤하고 우리 바당하고 비슷해. 아침 여섯시에 가면 저녁 여섯시, 일곱시 돼야 들어왔어. 그러니 몸이 남아나질 않았어. 몸이 축나서 완전히 살이 빠져버린 거라.

친구들이 이제는 고향에 들어가자고 해도, 나는 "이 몸에 지금 가면 물질도 못할 거야. 이왕 여기 있는 김에 석달만 더 벌어서 갔겠다"고 했지. 돈 좀 모아서 가면 고향에서 조금 쉬면서 몸이 회복되면 물질을 하겠다고 해서 그 친구들은 먼저 보내두고 물질하는데, 하필이면 한달 정도 사니까 병이 난 거라. 내가 너무 몸이 빠져서 그랬는지, 그때 친구들 하고 같이 와버릴 걸, 하고 후회했어.

제주도로 생각하면 의료원 같은 곳이라. 거기서 아프니까 진료받아서 약을 먹어. 의사가 약을 먹는 동안에는 물질을 하지 말라고 해. 그래서 한 일주일 성도 약을 먹고 쉬면서 노니까 아프질 않아. 다시 물 속에 들어갔지. 들어가니까 또 그렇게 아픈거야. 그래서 다시 병원에 찾아가기도 했지. 그럭저럭 하다가 고향으로 돌아온 일도 있어.

일본에서 삼십개월을 살았어. 삼십만엔 보내면 우리나라 돈으로 삼백만원이 넘을 때니까 삼십개월 살면서 빚물고, 아이들 쓸건 따로 보냈지. 거기서는 먹는 것 밖에 쓰지 않으니까 돈을 빨리 모았어. 남편하고 같이 일년육개월 정도 살고, 물질하면서 일년을 살면서 돈을 모으니까 빚을 거의 청산하게 됐어.

이보다 더 좋을 수 없는 남편…남편 형님도 4·3 때 행방불명

지금은 이보다 더 좋을 수가 없는 남편인데 젊은 때는 그렇게 말을 안들어. 남편이 문제라. 남편은 총각 때 월남에 군인으로도 갔다왔어. 스물한살 때 육

남편 정남준과 함께.

군 비둘기부대 소속으로 월남에 일진으로 갔다왔어. 디안(베트남 남동부 지안 Di An)이라는 곳에서 의무병으로 살았어. 마음 씀씀이도 좋은 사람인데 성격이 좀 급해. 제대를 일찍 할 거였는데 월남에서 또 살겠다고 해서 한 번 더 살아서 왔어. 그렇게 고생하면서 군대 생활을 하고, 제대해서 결혼했는데 고생한 사람 같지를 않아.

나중에 차차 나이 들어가니까 후회가 든다고 해. 그때 그렇게 애를 먹여놓으니까 이제 와서는 "내가 왜 그렇게 했을까"하면서 "진짜 미안하다"고 하는 거라. 예전에는 남자들 일거리가 별로 없었잖아. 앉으면 술이나 마시고 화투나 치고, 윷도 놀고 그게 일이었어. 농사 지을 때는 서둘러서 밭을 다 갈고 나면 갈 곳이 없었어.

젊을 때는 그렇게 잘 놀았는데, 지금은 내가 아플 때마다 간병을 잘해. 병원에 입원하면 집에도 오지 않고 간병하면서 화장실 가고 올 때도 남편이 업어가고 업어와. 재작년에는 쓰러져서 크게 다쳐 두달 열흘을 천장만 바라보며 살았는데 밥 먹여주고, 머리 감겨주고, 목욕시켜주고 다했어. 아플 때마다 잘해줘. 남편이 간병 같은 건 잘할 줄 몰랐거든. 그렇게 잘하더라. 자기가 있는데 왜 내가 휠체어를 타느냐고 할 정도라. 남편한테 보상을 다 받았어.

남편 형님도 4·3 때 행방불명됐어. 정태관이라고, 돌아가신 날도 모르고 육지 형무소에서 돌아가셨다는 말만 들었지. 고성리 친척집에 조문하러 갔다가 누가 데려갔는데 그걸로 끝이라는거야. 남편 말 들어보면, 형님 결혼 날짜도 났는데 가문잔치 날이 돼도 돌아오지 않으니까 파혼을 했다고 해. 기다려도 오지 않으니 어쩔 수 없지.

꿈결에 만난 어머니, 어머니

어머니가 그렇게 그립고 그립더라. 꿈에서라도 한번 보고 싶었어. 선몽(현몽)했으면 어머니 얼굴을 볼 텐데, 볼 텐데 하다가 하루는 꿈에 선몽을 한거라. 어머니가 너무 그리워서 "어머니 얼굴 한번만 보는게 소원입니다"하면서 정말 기도하시피했어. 너무 보고 싶어서 말이야. 하도 그리우니까 어느 날 어머니가 꿈 속에 나타난거야.

어머니가 한복을 곱닥허게 출려서(곱게 차려입고) 버스를 탔는데 신양리에서 저 신작로 쪽으로 싹하게 가는 거야. "저분이 어머니다"라는 느낌이 들었어. 어머니는 앞에 타고 나는 뒤에 탔는데 나쪽으로 돌아서서 빤히 쳐다봤어. 지레(키)도 훌훌하고 곱닥하게 차려입은 모습이 꿈 속에서라도 "저분이 우리 어머니로구나"하는 생각이 들더라. 그렇게 했는데 나는 내리고 어머니는 그 차에 타서 그냥 싹하게 갔어. 깨어나보니 꿈이었어.

그 꿈을 꾼지는 오래됐어. 삼사십년 전이었으니까. 어머니가 보고 싶으면 그 때 꿈에 나타났던 어머니 얼굴을 생각해. 우리 어머니가 이렇게 생겼구나, 그렇게…. 그걸 항상 머리 속에 담아뒀어. 어머니가 나를 얼마나 애태게 찾았으면 꿈 속에서라도 나타나서 얼굴을 한번 보여주려고 했을까, 항상 그런 생각을 했어.

그런데 이묘하려고 어머니 무덤을 파보니 그때 꿈에 나타났던 어머니 얼굴이, 그 두상이 그대로 있는 거라. 어머니 얼굴이 그대로였어. 세상에 그런 일도 있었어. 그럴 수도 있구나, 하는 생각에 나도 신기하다고 생각했어.

어머니 거니까 내가 끼쿠다…어머니가 준 선물 은반지

딱 육십구년 만이야. 양력으로 2017년 5월 17일 이묘했어. 윤달에. 옛날이

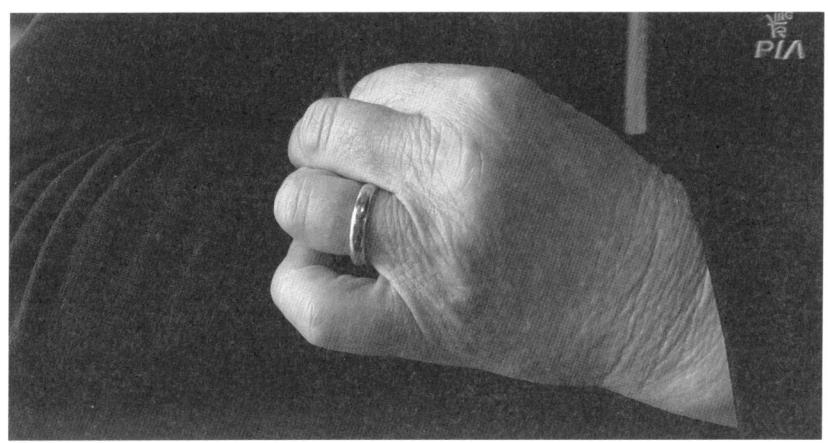
69년 만에 어머니묘를 이묘하다 찾은 은반지.

라도 어머니가 반지를 꼈던 모양이라. 어머니가 왜정 때 일본에서 식당을 하다가 해방이 되자 고향에 왔어. 들어와서 얼마 없어서 그 사건 나서 돌아가신거지. 이묘하려고 파는데 장의사가 갑자기 큰 소리로 말하는 거야. 손으로 흙을 헤치면서 살펴보다가 반지를 발견한거라. 그건 그대로 있었어.

"여기 반지 이수다."
"예? 반지 마씸? 어느 거우꽈?"

육십구년이 지나도 하나도 변하지 않고 그대로 있던 거라. 그러니 사람 눈에 들어온거야. 어머니가 무엇인가 내게 주고 싶었는지 반지가 보였던거지. 색깔이 변해도 못찾을 수 있지 않아? 그런데 색깔이 변하지 않고 그대로 있었어.

"아이고, 이건 어머니 유품이난, 어머니꺼난 나가 끼쿠다. 고맙수나."

정말 깜짝 놀랐어. 반지가 그렇게 그대로 남아있을 줄이야. 반지를 본 순간, 어머니가 나를 얼마나 아끼고 사랑했으면 육십구년이나 지나도록 반지를 볼 수 있게, 유품을 내게 남기고 싶어했을까, 하는 생각이 들더라.

어머니도 나를 얼마나 아꼈으면 "이거를 내버려두고 어떻게 내가 죽을까", 그런 생각을 했을지 몰라. "이 반지를 이때까지 놔뒀다가 내게 주려고 이렇게 했을까"하는 생각이 들기도 하고, 또 한편으로는 어머니가 오래 살지 못하고, 키워주지도, 입혀주지도 못해서 유품이라도 내게 주고 싶은 마음이 있었던게 아닌가 해. 정말 감격하고, 반가웠어.

어머니는 하얗고 고운 모습 그대로

시신(유해)도 두상이 고운 모습 그대로 있었어. 총 맞은 흔적은 보지 못했지. 우리 이모님이 어머니가 옆구리에 총을 맞았다고 해서 자꾸 마음에 걸리더라고. 혹시나 총알이라도 몸에 남아있는걸 모르고 있나, 해서 말이야. 언젠가 이 묘를 하게 되면 한번 봐야겠다는 생각을 오래전부터 하고 있었어. 그렇게 했는데 총알이 나가버렸는지 보지 못했어. 어머니 두상이나 팔은 아주 고운 모습 그대로였지.

외할아버지 얼굴이 아주 고왔거든. 어머니 두상을 보니까 외할아버지가 문득 생각나는 거라. 외할아버지 돌아가실 때 봤는데, 어머니 얼굴이 소름한게 판박이였어. 뼈만 봐도 알 수 있었어. 하얗고 고운 모습 그대로. 어떤 유골은 오래되면 누렇거나 거무스름한데 우리 어머니는 그런게 없었거든. 바로 곱딱. 이빨도 가지런하게 있었어. 이묘한 다음에 어머니는 한울누리공원에 모셨어.

어머니 사진 백방으로 찾았지만

 어머니 사진을 찾으려고 아는 곳은 다 다녔어. 어머니네는 일본도 다니면서 사진을 많이는 찍지 못해도 좀 남아 있을 거라고 생각했는데 다 소각시켜버렸다는거야. 어머니네 살던 집도 불타버려서 남아있을 수 없었지. 내가 큰 다음에 어머니가 일본에서 친하게 지냈던 사람들 집을 알아보고, 제주시에도 가보고 했지만 찾지 못했어. 조금이라도 어머니와 친하게 지냈다는 집에는 다 갔었지.

 어머니하고 친하게 지낸 신양리 어른이 계신데 그 어른한테도 물어봤지만, "그때는 하도 모소울 때여서 다 불 붙영 태와부렀주. 그걸 고자 놔두느냐"(그때는 아주 무서울 때여서 다 불붙여서 태워버렸지. 그걸 지금까지 놔두겠느냐)고 하더라. 우리 남편도 여기저기 방문해서 찾아봤지만 찾지를 못해. 친구들하고 찍은 사진이라도 있었을텐데 찾지 못하겠더라고. 아버지 사진도 없고 어머니 사진도 없고….

 어머니나 아버지나 시국 끝에 살아 있다고만 하면 어디라도 찾아가고 싶은 마음이 있었어. 아버지는 어딘가 살아 있겠거니 하는 생각만 했어. 이제는 돌아가셨는가 하지만…. 어디선가 찾아오지 않을까, 소문이라도 들리지 않을까, 했는데 이제는 너무 오래됐어.

시대가 바뀌었지만 너무 억울한거라

 우리같이 너무 억울한 사람은 어디가서 하소연 할 데가 없는 것 같아. 우리 살아올 땐 4·3사건에 관련됐다고 한 사람은 '폭도' '폭도'하면서 기나 펴고 살게 했어? 내가 결혼할 때도 신랑이 그런 말을 했주게.

 "느허고 결혼했당 훌륭한 자식이 태어낭 공부를 많이 해도 어디 들어길디가 어실건디 어떵허느니?"

(당신하고 결혼했다가 자식이 훌륭해서 공부를 많이 해도 어디 들어갈 곳이 없을텐데 어떻게 하느냐)

내가 몇 번이나 그 말을 들었어. 이젠 많이 달라져서 모두 인정해줘서 그렇지, 그때 당시에는 하소연 할 데가 없어. 예전에는 정말. 그게 억울한거라. 진짜 남편 말대로 아이들이 똑똑해서 공부를 아무리 잘해도 나라에서 써주지 않으면 어떻게 할까, 그런 생각을 하지 않을 수가 없었어. 그 시절엔 그렇게 걱정했어.

우리 밑에 시아주버니도 서울에서 경찰관 생활할 때 신원조회에 걸려서 자기 뜻대로 가고싶은데 가지 못했어. 그때 그걸 보면서 느끼는게 많았어. 진짜 마음이 괴로웠어. 그렇게 하면서 남편이 "우리 동생도 친척 때문에 신원조회에 걸려서 못들어가는데 우리 자식들이라고 그러지 말라는 법이 있느냐"고 했는데, 살다보니 그게 해소돼서 이제는 잘만 하면 이녁 머리로 들어갈 수 있는 세상이 됐어. 시대가 많이 바뀌니까 마음이 좀 풀리지만, 그때는 너무 억울한 거 아니?

할머니가 된 지금도 그리운 어머니

건강한 사람들은 팔십 넘어도 물질해. 나이들어서 팔십이 되면 예전처럼 물질을 활발하게는 하지 못해도 물질을 하는 해녀는 많아. 육십년 넘게 하던 사람들이 팔십 됐다고 딱하게 설르지(중단하지) 못하거든. 젊을 때부터 상군으로 놀았어. 지금도 상군이라. 오륙년전에는 하루 나가서 소라 99키로를 채취한 적도 있어.

강숙자 가족사진.

"거보라. 해난 솜씨난 는 다르다."
(그것 봐. 물질했던 솜씨여서 너는 다르다)

사람마다 그렇게 말하는 거라. "거보라. 거보라. 돈을 얼마나 내버려시니"(돈을 얼마나 버렸니). 자식들도 다니지 말라고 하고, 몸이 아파서 다니지 않았어. 남편은 "아프면 당신만 고생한다"고 하면서 더 다니지 말라고 했는데, 벗들이 "너 물질하는 실력으로 소라라도 채취해서 아이들 주고 하게 바다에 다니라"고 하는 거라. 주저주저하다가 그럼 "가볼까"해서 갔어.

작년, 재작년에는 물질하러 다니지 않으니까 며칠만 다니라고 하더라고. 후배 해녀들이 다니라고 해서 나갔는데 사나흘 다니다가 아파서 나가지 않았어. 어촌계 회원으로 있어서 아직 은퇴는 하지 않았지.

터진목 쪽에는 물질하러 안 다녀. 어쩌다 성산에 가다가 그곳만 가면 어쩐지 서러워. 난 보상금 주지 말고 어머니만 살았으면 해져. 돈이 아쉽고 안 아쉬운 것보다는 지금도 어머니가 그리워. 어머니가 살았으면 한번 얼굴이라도 볼텐데, 하는 생각만 들어. 어머니를 어머니라고 불러보지 못한게 평생 한이니까. 이제라도 살았으면 지구 끝까지라도 찾아가고 싶어. 나이들어서 할머니가 된 지금도 어머니가 너무 그리워….

내 살아온 평생, 소설 몇 권은 쓸거라

나는 자식들한테도 4·3사건 때 할아버지 할머니가 돌아가신 이야기를 다 해. 어머니 묘를 이장하면서 산소에서 마치고 오는 차 안에서 내가 아들한테 말했어.

"옛날엔 삼대, 사대 제사를 다 지냈주만은 이제는 자기 부모도 제사를 안허젠 허는디, 할머니 제사는 느네신디꼬진 안 물리켜. 나 살아생전에만 제사를 허마."

(옛날엔 삼대, 사대 제사를 모두 지냈지만 이제는 자기 부모도 제사를 지내지 않으려고 하는데, 할머니 제사는 너희들한테까지 물리지 않을게)

"어머니, 외손지도 손지 아니우꽈. 나중에 무슨 일 이서도 할아버지 할머니 제사는 나가 허쿠다."

(외손자는 손자 아닙니까. 나중에 무슨 일이 있어도 할아버지 할머니 제사는

제가 할게요)

  그 말을 들을 때는 제사 지내라는 말은 하지 않아도 마음 속으로는 "아이고, 착허다, 착허다" 했주게. "그추룩 마음만 먹어줘도 착허다. 고맙다"고 속으로는 했지만, "경헐탸?"(그렇게 할래)라는 말은 하지 않았어. 남편도 같이 있었는데, 마음 속으로만 "고맙다", "그런 생각까지 해줘서 고맙다"고 했어.
  물질해서 공부시켜서 아들 의사가 됐고, 딸들도 모두 대학 나왔어. 그렇게 하니 아이들도 다 성공한 편 아니? 이젠 몸만 아프지 않으면 부러울 것이 하나도 없을 것 같은데 자꾸 아파. 아이들과 남편이 건강하고 아프지 않는게 소원이야. 내가 살아온 평생을, 역사를 쓸 수 있으면 소설 몇 권을 쓸 거라.

〈구술채록 정리 허호준〉

낭 장사하고 학교 가야 했어

고옥화

_1943년생, 서귀 서홍, 서귀포시 거주

누구 하나 말 못 했어

거기 그 자리에 있어도 누구 하나 말을 못 했어. "4·3사건 때 누구네 아버지 죽었져" 말을 못하고 산 거라. 그때 우리 아버지, 작은아버지 돌아가셔도 아예 말을 할 걸로 생각하지 않았어. 이 말을 하게 된 때가 몇 년 되지 않았잖아.

난 1943년생. 하나뿐 외동딸. 서홍동 123번지 지장샘 동산에서 태어났어. 아버지는 1917년생 고기복, 어머니 1918년생 양만생, 할아버지 고종학, 할머니 이화여, 우리 아버지는 4형제 중 둘째로 태어나도 큰아들이나 마찬가지야.

큰아버지(고기생)가 일제 때 행방불명. 열여섯 살에 일본 간다 해서 나갔는데 돌아오지 않아, 셋째 아버지(고상주)도 일본만 가서 살다 왔는데 아기도 없이 일찍 돌아가셨어. 여기 와서 영장했어. 막내 아버지(고주만)[1]도 4·3에 행방불명 됐다가 유해가 비행장에서 나타났어. 우리 남동생 둘 있었는데 다 죽

---

1) 서홍리에 거주하던 고주만은 1950년 6·25 발발 후, 같은 마을 청년들과 같이 경찰에 연행되어 서귀포 절간 고구마창고에 구금되었다가, 1950년 7월 28일(음력 6월 14일)경 차에 실려나간 후, 학살되었다.

고. 경허난(그러니까) 우리집은 절멸이라.

"말 들어본다" 아버지 데리고 나가 끝!

4·3사건 나기 전, 그때까진 진짜 즐겁게 살았어. 부모님은 큰딸이니까 날 얼마나 아까워했겠어. 아버진 일본 갔다 왔다 하면서 살았어. 어려서 추억은 없지만 가방 같은 거 사서 오기도 했어. 아버진 너무나 억울해. 아버지가 왜 죽었지? 이해가 안 가. 서귀포에 이렇다 저렇다 "사람 죽었져" 하는 말도 전혀 안 돌았을 땐데 우리 서홍리가 당했어.

우린 꽤 잘 살았어. 메밀농사를 크게 지었거든. 그때도 농사철이라 정말 바쁜 때였어. 그때 난 여섯 살, 안 믿을지 몰라도 난 그때가 또렷이 기억나. 어머닌 밥하고 있다가 달각달각 소리나니까 나갔어. 아버지도 농복으로 갈아입고 같이 밭에 가려고 준비하고 있을 때지. 데스까보도(철모) 쓴 헌병 둘이 들어왔어. 그 당시엔 그런 사람들 보고 "데스까보도! 데스까보도!" 했잖아.

군인들이 큰 소리로 말하는 거라. "주인 어딨소?" 어머닌 "주인은 저기 방에서 좀(잠) 잠수다" 한 거라. 그러니 군인들이 얼른 들어가서 깨우라는 거라. 아버지한테 "조금만 말 좀 들어보고 보내준다"고. "밖으로 나오시오" 하는 거라. 아버지가 그제야 나왔어. 어머닌 뭔 말을 들어보려나 한 거지.

그래놓고 국민학교로 데려간 거야. 그땐 서귀초등학교 서홍분교였어. 아버지만 아니고 잡아간 사람들 학교 향사에서 하룻밤 재우고 아침에 끌고 갔다고 해. 다들 묶고 갔는지 어쨌는지는 몰라. 그때 같이 끌려간 사람들 나도 조금은 알아.

지장샘 동네 조무남씨 아버지, 고창문씨 아버지, 고찬봉씨 아버지. 고승길씨 아버지. 고경세씨 아버지, 김세일씨 아버지, 종제기 동산 고성준씨 할아버지,

고옥화 아버지 고기복씨

위미리 한원길 어른도 새벽에 잡혀서 그때 돌아가셨어. 그날 제사하는 사람이 열다섯 사람쯤 될 거야.

우리 아버지 끌려가는 걸 동네 조무남씨 어머니가 봤어. 그 어머니가 함내골에서 마침 집으로 가던 길에 줄줄이 끌려가는 사람들을 본 거야. 서홍동 성당 근처에서 딱 마주친 거라. 거기에서 남편을 본 거야. 그 무남씨 아버지도 뭐라 했겠지. 그때 우리 아버지가 무남씨 어머니 보고 얼른 말을 전해달라고 한 거야. 그땐 죽으러 가는 줄 알았던 거지.

"우리 아이들 잘 키워주렌 골아줍서."

딱 이 한 마디. 이게 아버지가 한 마지막 말! 이 말도 무남이 어머니가 우리 집에 와서 해주지 안 했으면 몰랐지. 그렇게 아버지하고 같이 끌려간 사람들이 어디서 죽었냐면, 저 소남머리! 알지? 정방폭포 쪽이라. 지금 서귀포시 서복전시관 그보단 조금 서쪽이고, 서귀포중학교보단 동쪽 지경으로 끌고 가서 다 쏘아버린 거라. 그때 잡아간 서홍동 사람들 팡팡 쏘았어. 숨지도 않고 자는 사람.

무슨 죄인지 묻지도 않고 그 아침 새벽에 죽인 거라. 그땐 정방폭포 부근에서 서홍동 사람만 죽인 게 아니고 제주도민을 다 절멸시키려 한 모양이라. 많이들 죽였잖아.

서홍동 김세일씨 아버지는 새벽에 곰내란 데 촐왓에 말(풀 먹이러) 메어서 내려오는 순간 군인들한테 잡혔다고 해. "여기 서 있으시오!" 하니까 사람 죽일 거라 생각했겠어? 무서우니깐 가만히 기다려 서 있었던 거지. 말 메러 나온 죄 밖에 없는 거지.

그 사이 종제기 동산이란 데까지 가서 사람 데리고 나올 때까지 그 어른은 그냥 그 자리에 서 있었던 거라. 뭣도 모르게 서 있다가 그날 같이 데리고 가서 죽인 거라. 그때 그런 죽음이란 걸 몰랐으니까. 사람이 사람 죽이는 걸 안 봤으니까. 그렇게 죽을 것이란 생각은 전혀 못 했겠지.

우리 아버진 그때 반장이었어. 소금도 다 반장이 나눠주고, 석유도 다 나눠주고 했거든. 하필 그때 아버지 호주머니에 소금값 받은 돈 10원인지 100원인지 있었던 모양이야. 그러니 막 추궁을 했다는 거라.

"이거 무슨 돈이냐. 이거 산으로 연락할 돈 아니냐!"
"아니우다. 소금값 받은 돈이우다. 산에 가 본 적도 없고
어디 내통하지도 안 헤수다!"

아무리 사정을 하면 뭘 해. 얼른 나오면 말 물어보겠다고 해놓고. 그렇게 사람 실어다 다 죽이는 세상 어디 있어. 개도 고양이도 아닌 죽음이라.

왜 그렇게 한꺼번에 죽였나? 나중에 들으니 서귀포에서 무슨 불이 났던 모양이라. 누가 집에 불을 놔버렸어. 그러니 서귀포 바로 위쪽이 서홍동이

니깐 불똥이 우리 마을에 튄 거 같아. 저 위에 사람들, 서홍동 사람들 전부 잡아오라고 했는가봐. 하여튼 지장샘 동쪽으로부터 좌악 군인들이 깔려서 "나와라, 나와라." 학교로 모이라고 한 거지. 아침 새벽에 말 메러 가는 사람도 잡아가곡, 집에서 잠자는 사람도 잡아가곡. 길거리 다니는 사람도 잡아가곡. 집집마다 다니면서 줄줄이. 한 사람씩 남자 있는 사람은 다 나오라 해서 잡아간 거라.

그러니 살려고 하니 남자들이 산으로 산으로 가고 한 거지.

15인 중 유일한 생존자 '모슬개 허서방'

경헌디(그런데) 거기서 딱 한 사람! 살아서 돌아왔어. 그 사람은 정말 운이 좋았던 것 같아. 이 말은 살아서 돌아온 그 사람이 말해서 아는 얘기야.

어떻게 살았냐면, 총을 팡! 팡! 팡! 쏘아가니까 자기가 총 맞은 걸로 알았는지 어쨌는지 그 사람은 '탁!' 앞으로 엎어져 버렸다는 거라. 총 맞고 죽은 것처럼. 엎어진 거라. 얼마 후에 총을 쏜 군인들이 이제 총대가리로 정말 다 죽었는가 확인하려고 칵칵 건드렸대. 그래도 그 어른은 꿈쩍도 않고 그냥 죽은 척 한 거라. 정말 천운인 거라.

군인들이 다 쑤셔보고 한참 후에 철수해버리니까 그 사람이 일어나서 손에 묶은 줄을 풀고 빠져 나온 거라. 뒤도 돌아보지 않고 집으로 달려갔어. 그 사람은 모슬포 사람. 사람들이 "모슬개 허서방, 모슬개 허서방" 했어. 그 어른이 그날 아들하고 며느리한테 말 한 거야.

"낼 아침에 너네들 영장 하러 가라. 죽은 시신들 찾으러 나가면 너희도 아뭇 소리 말고 아버지 찾으러 나가야 한다고 해라."

"다른 사람들 눈치채지 못 하게 해라, 아버지가 살아났다는 걸 아무도 모르게 하라." 그래놓곤 그 어른은 그냥 그날 밤 고향인 모슬포로 밤새 걸어서 가버린 거라. 그러니 사는 것도 운이라. 그 사람은 자기 운에 살아난 사람이라고 밖에 볼 수 없어. 열다섯 중에 단 한 명 살아난 건 천운을 탄 거잖아.

그 할아버진 모슬포에 살다가 한참 후에야 시국이 끔끔해지니까 서흥동 가족들한테로 돌아왔어. 막 나이드니까. 다신 잡아가지 않을 거라고 생각했겠지. 그 야밤에 떠날 땐 그 자리에서 죽지 않고 살았던 걸 알면 다시 죽일지도 모르니까 얼마나 겁이 났겠어. 그 할아버진 팔십을 넘기고 돌아가셨어.

젊은날 고옥화.

할아버지 아버지 시신 등에 업고가

우리 할아버진 아들 죽었다는 소식 듣고 달려왔어. 우리 할아버지 할머니 작은아버지가 바로 우리 사는 집 동산 위에 살았거든. 그때 뭐 자동차가 있어 뭐가 있어? 할아버진 지게 짊어지고 가서 아들을 등에 지고 왔어. 다른 사람들도 매어서 오는 사람, 마차에 실어 오는 사람, 난리 났어. 할아버진 그 먼 데서 등에 지고 온 거지.

우리 할아버지 힘이 정말 셌어. 할아버신 삼대독사 외아들로 우리 아버지 4

살 때 저 모슬포 영락리서 서홍리로 솔가한 거라. 이사 올 땐 항아리. 큰 항을 등에다 지고 왔대. 그렇게 힘이 막 세고 체구가 우람했던 분이야. 할아버진 또 음성, 목청이 좋았어. 보초 설 때도 그 울림이 커서 "영락리 고중학이 '너 누구냐!' 하면 서홍동 동산이 우르르 했다"고 해.

우리 아버지 시신은 죽은 다음날 수습을 했을 거라. 그날 밤에 아들을 지고 와서 할아버진 관이라도 짜는 척하고 날이 밝으니 그냥 묻으러 갔어. 갈 때도 죽은 아들을 그냥 저 '볼레남산전'이란 데까지 업고 가서 영장을 한 거라. 그 산전은 볼레가 많이 있다고 해서 붙여진 이름이겠지. 그때가 음력 10월 열하룻날(양력 11월 12일) 메밀 다 익을 때 늦가을!

근데 그사이에 어떻게 만들었는지 난 상제 옷도 입었어. 나한테 쪼끌락한(작은) 옷을 입혔어. 노란 베 옷. 영장 때 입는, 정식으로 만든 옷이야. 우리 집은 동산 위니까 그 '볼레남산전'까지 걸어가려면 아무래도 2시간은 걸어서 가지 않았나? 거기 우리 초밭이 하나 있었어. 그 밭까지 갈 때는 나 스스로 걸어서 갔어. 집으로 내려올 때는 이웃집 언니가 업어다 줬던 기억이 나.

아버지 묻어두고 오니 어머닌 그대로 통곡만 했겠지 뭐. 그냥 아무 생각도 없이. 어머니 홀로 남았잖아. 다음부턴 제대로 아무것도 돌아가지 않았어. 아이구! 말을 못 해.

여섯 살 어머니 등 위에서 학살 목격

이젠 다들 동네 사람 나오라는 거야. 우리 동네 산 사람을 살지 못하게 구는 거라. 뭐 어디 "폭도 잡아왔으니 이리 구경 나와라, 나와라" 하는 거라. 누구 구경 가고 싶겠어? 무섭기만 하지. 우리 어머닌 아버지도 돌아가셔서 더 나가고 싶지 않았지. 근데 구경하러 안 나가면 산으로 돈을 부쳤다 뭐했다 한다는 거야. 그러니 안 나갈 수가 있어? 그때 아버지 돌아간 사람 다 나와서 구경하라고 하니 안 나갈 수가 없었어.

남동생은 할머니한테 맡겨두고 난 어머니하고 학교(서홍분교) 향사까지 간 거라. 나도 여섯 살이니 걸을 수 있는데도 어머니가 업고 갔어. 어머닌 딸을 구경하라고 업은 건 아니었겠지. 사람들 다 나와서 보라고 하니까 밟혀서 죽거나 넘어지거나 할까 봐서 날 톡 업은 거겠지. 어머니도 정신없었던 거지. 신랑 죽어 며칠 안됐는데 사람들 왕왕하니까 아이한테 보일 거 안 보일 거 생각이나 했을까? 어머니 살았을 때 "어떵 그때 날 업었수꽈?" 물어볼 걸 그랬어.

가보니 산에서 온 사람들인지 다 엎드려 있어. 향사는 동쪽 계단이 나서 조금 높아. 아래 운동장으로는 폭도들이라고 앉아 있어. 위에선 헌병들이 아래로 총을 막 쏘고 아래서는 뭣이 억울했는지 대나무 깨서 죽창으로 사람을 찌르는 거라. 그것을 내가 봤어. 난 그때 무서움에 어머니 등에 숨어서 봤던 거지. 어머니도 안 보면 안 되니까. 무서운 세상에 딸 아이 업고라도 구경한 거지.

한쪽에선 구경만 하는 사람들. 요쪽을 보면 총 쏘는 사람, 요쪽으로 조금 걸어 내려가면 일렬로 꿇어 앉힌 사람. 그 위에 잘린 목이 보이고. 어머니 등에 업히니 내가 젤 높은 데서 보게 되잖아. 엎드린 사람들은 곧 죽을 사람들이고. 지금도 너무 눈에 훤해. 어머니 등 옆으로 보잖아. 그때 내 눈으로 사람들을 하나 둘 세어봤어. 열여섯 사람이었던 같아.

근데 그때 두 사람만 상투를 안 차고 모두 긴 머리를 위로 올려서 상투를 틀었더라고. 남잔지 여잔지 머리들이 기니까 잘 모르지만 남자는 두 사람뿐이었다고 기억해. 다들 몇 시간이나 앉혔는진 모르지. 우리는 이쪽에서 구경하는데 다 돌아앉아.

연설하는 사람은 연설하고. 여자는 머리가 너무도 길어서 자르지도 않았어.

여자들만 머리를 위로 올린 것도 모자라 상투 튼 것 같았어. 제일 또렷한 건 어떤 남자 무릎 위에 다른 사람 목을 얹힌 거라. 그 어른들이 말하기를, "송태삼! 송태삼!" 했어. 그 목을 든 남자가 서홍동 사람이라 해. 송태삼씬 유명한 사람이라고 해. 다른 사람들은 내가 이렇게 말을 할 이유가 없으니 잊어버렸어. 그 사람이 산에 가서 대장질을 했다고. 전봇대에도 매달았고. 폭도대장이라고 한 거라. 거기 피도 다 빠졌는지도 모르고. 무릎 위에 얹히니까 남자 얼굴만 둘이 생긴 거라. 그 사람은 상투를 안 찼던 것 같아. 뒤로 앞으로 올려서 묶으니까 사람 얼굴을 잘 보이게 하려고 한 것 같아. 머리는 예쁘게 포마드로 해서 잘 붙게 했어. 일부러 미남으로 잘 보이게 했구나. 저 사람은 얼굴이 하얗고, 멋진 사람이구나 했어.

우린 보기만 했어. 난 등에 업혀 키가 커졌으니까 어머니가 움직이는 대로 본 거지. "우리 장인 장모는 다 죽이는데 저 ○○ 각시년은 왜 안 죽이는 거냐." 내 귀로 들었어. 누가 단상 위에서 연설하는 순간 사람들이 "어디 있냐."고 우르르 담벽에 붙어선 애기 업은 여자 앞으로 벌떼같이 몰려갔어. 그러니 그 엄마랑 업은 애기도 같이 떨어진 거라. 죽는 건 못 봤어.

그날 어두워질 때까지 몇 시간 걸렸을 거라. 추운 생각도 안 나고. 날씨도 좋고 날도 밝은 때 그랬어. 백주 대낮에 그런 일이 있었어. 집에 와서도 그리 어둡진 안 한 때야. 근데 어머니 살았을 때 그때 얘기를 잘 들어보질 못 했어. 서로 말하지 않았어.

흰 사발에 검정 먹물 넣어봐라

운동장에서 이런 일도 있었어. 한쪽에서 어떤 여자가 죽창을 들고 막 찌르는 시늉을 하는 거라. 내가 아는 언니야. 그 사람이 죽창을 든 거야. 너네 때문에 우리 아버지가 죽었다고. 그 언니 아버지하고 혼디(같이) 우리 아버지가 같이 가서 죽었던 거야. 그 언니 동생이 나보다 한 살 위 선배야. 지금은 돌아가셨지.

그 언니가 그날 죽창 들고 아버지 한을 갚으젠(갚으려) 나선 것을 내가 봤어. 그 언닌 둘째 딸이었어. 지금 살아도 백 살은 안 되었을 거야. 그러니 그 딸이 화가 나서 죽창을 들고 찌르는 시늉을 했던 거 같아. 그때 스무 살 안팎 났어.

학생시절 고옥화와 어머니.

그 아버지가 그때 서홍분교에 남자 어른들 심어다 놨을 때 운동장을 기어 다니면서 "살려줍서 살려줍서." 빌었다는 거야.

"산에 뭐 준 것도 어수다. 나 이추룩 불구잔디 산에도 안 가와수다. 나한텐 큰 자식도 어수다. 살려줍서."
"너네들 흰 사발에 꺼먼 먹물을 딱 넣어봐라. 어느 놈이 너네들 어느 놈이 바른 놈 인지 아닌 놈인지 알아질 거냐. 다 죽여야 된다."

그러니까 누구 바른 사람 안 바른 사람 구별할 수 없다는 거야. 생각해봐도 그 언니 아버진 불구잔데 어떻게 산에 갔겠어. "사상석으로 그렇시 않고,

난 큰 아들도 없다"고 그렇게 사정을 하는데도 "검은 먹물을 흰 사발에 들이쳐봐라. 전부 검게 퍼진다" 한 거지. 경혜놓고 몬 죽여분 거지(그래 놓고 전부 죽여버렸지).

죽이러 데려가기 전에 죽일 사람, 안 죽일 사람 구별했잖아. "나 죄어수다" 했는데도 다음 날은 다 데리고 가서 죽여버린 거라. 이 얘긴 그때 학교 운동장에서 그렇게 하는 걸 본 사람이 말해준 거야.

우는 사람? 아무도 울고불고하지 않았어. 울면 소란스럽다고 총으로 쏘았어. 악으로 버티는 거지. 위에서 총 쏘고 아래선 한풀이 하는 거라. 한쪽은 찔러 죽이고 한쪽은 엎드려 있는 사람들 구경시키고. 그때는 서귀포 시내는 아니고 서홍리만 집중적으로 당했이. 시흥리는 시귀포 바로 위여서 당했던 것 같아.

우린 도망도 못 가 봤어. 굴속에 도망가 본 적도 없어. 근데 나도 딱 한 번 곱으레 가봤어. 산에선 내려 오고, 아래선 위로 오니까 숨으러 간 거야. 할아버지들하고 숨은 데가 제주농원이란 데야. 서홍동 곱내 다리. 지장샘에서 샛길로 가면 가까운 농장이야. 서홍동 다리 두 개가 있는데 암내다리는 막아버리고 곱내다리가 있어. 그 내로 위로 올라가면 제주농원이야. 달밤에 밀감은 다랑다랑 달려있었어. 잠잠해지면 내려오려고 갔는데 그 귤 하나 따 먹는 사람이 없었어. 귤 향기에 귤 하나라도 따 먹고 싶을 만도 하잖아. 그런데도 이제 다 죽을 수도 있다라고 생각했는지 건드리는 사람이 없어. 내 눈에도 귤 하나 건드리는 사람을 못 봤어.

한청여성들 훈련 모습

한청 단원들 훈련하는 걸 봤어. 학교 사건 이후야. 석줄로 서서 처녀들이 낭총을 메고 흰 바지 입고 훈련하는 거야. 지금 93세 된 분들. 당시 스무 살 사이 사람들. 김노생, 오임선, 서귀포 풍수 보는 사람 성방이 어머니, 강두선씨 부인 기억 나.

그때 그 어른들이 공부를 하지 못해서 글들은 잘 몰랐을 거라. 그래도 착하게 석줄 서서 키 큰 순으로 훈련했어. 한청 동네 여성들 운동장에서 착착 연습하며 노랠 불렀어. 그 노래, 이렇게 불렀어.

사촌동생과 할머니.

돌격돌격
독립전선에
천하무적 우리 군대 누가 당하랴
보아라 휘날리는 애국 깃발을
가슴을 울리는 독립의 소리

장총을 어깨에 둘러매고 노랠 부르는 거라. 키 큰 사람 앞에 서고 뒤에는 작은 사람들이 섰어. 그 또래 훈련 받던 언니들 대개 돌아갔겠지. 난 이 노래는 신나게 불러야 되는 줄 알았어. 다들 신나게 불렀으니까.

위 아래 하얀 광목 옷 입고. "가슴을 울리는 독립의 소리~돌격 돌격 천하무적 누가 당하랴~" 왜 그런 노랠 부르나 했어. 사람도 얼마 없으면서 무슨 '천하무적 우리 군대' 했나 몰라. 말은 전혀 안 하고. 노래만 하고. 기죽으면서 훈련 받는 건 안 같았어. 말은 안 했어. 나 일곱 살 때.

집 앞으로 성담 쌓자 이사…남동생 둘 죽음

우리집 앞으로 성담을 쌓았어. 성담이 집 안으로까지 들어와 버리니까 "집에서 나가라." 한거야. 우린 집을 나가 피난살이를 했어. 정방동 오동춘네 집으로 이사 갔어. 거기 마루같은 데 보릿짚 깔고 살았어. 그러니 얼마나 춥겠어. 굴묵이라도 뗄 방도 없고. 남동생은 감기로 콩콩 했어. 폐렴이었을 거야. 4살짜리가 제대로 치료도 못 받고 거기서 죽었어. 한 살짜린 어떻게 보듬을 수 있어? 둘 다 죽은 거지. 할아버지 돌아가시고 얼마 없어 죽었어. 너무 두려운 세상이었으니 내가 두 동생 이름이 어쨌는지 알 수도 없었어.

호적에도 들지 못했어. 침 맞으러 가면 "아파 아파" 했던 것만 기억나. 둘은 4·3희생자로 신고히지도 안 했어. 할아버지 산소 남벽 밑에 누 동생 묻었는데 이장 할 때 보니 아예 그 뼈도 없어졌어. 삭아버린 거지. 어머니가 벌초하러 가면 할아버지 아버지 산소 벌초 한 다음에 확 갔다 오는 거라.

어머니, 재가할까 무서웠던 초등 2학년

내가 어머니한테 크게 혼이 났던 적이 있어. 나 서귀초등학교 2학년 때야. 정방동 이사 온 집 마루에서 동네 삼촌이 우리 어머니랑 명주를 짰어. 하루는 학교 갔다 와서 보니 어머니가 안 보여. 그 삼촌한테 말을 했어.

"어머니 어디 가수과."
"아고게, 어머니 어디 어디 서방 얻엉 가켄 허난 거기 가라게. 경헨 막 싸왔져게."

난 장난인줄도 모르고 너무 놀라서 어쩔 줄 몰라 팽하게 돌아버렸어. 잊을 수가 없어. 내가 까무라 칠 정도였지. 그러면서 막 미치게 확 웃는 소리 나는 거라. 난 장난하는 것도 모르지. 그 삼촌이 진짜처럼 그랬으니까. 아기한테 그런 말 하면 안 되는 거라.

난 막 울면서 방문을 확 열었어. 보니 어머니가 막 웃고 있어. 난 부애(부아)가 나서 달려들어 명주 짜는 대를 하나 빼버렸어. 그날 어머니한테 처음으로 죽게 매 맞았어. 베틀에 명주실 짜는게 얼마나 힘든 일이야. 하루 꿰어도 다 꿰지 못하게 됐어. 이렇게 가름막을 하는 거라. 명주실을 손으로 하나하나 해도 하루 해가 다 가도 다 못할 일이었어. 어머니가 얼마나 화가 났겠어. 어머닌 또 딸이 못된 짓을 했다고 화가 나서 날 막 두드린 거라.

난 그때 기절해버렸어. 저 정방동에서 솔동산 병원까지 날 끌고 갔어. 거기서 여러 날 입원했어. '엄마가 가버리면 이 세상에 나 하나 뿐이로구나'하는 생각에 딱 기절해버린 거라.

"요 쪼글락 헌 것이 어멍 가민 어떵 안가민 어떵"(요 작은 애가 엄마가 가면 어떻고 안가면 어떻고)하는 소릴 들으면서 막 맞은 거라. 어머니 입장에선 또 화가 난 거지.

지금 생각해 보면 그 동네 삼촌 말이 진짠지 아닌지 확인도 안 하고 막 화를 내서 그랬지 뭐. 참 그때 왜 그렇게 했는지 몰라. 어머니가 없으면 난 죽었다 싶었던 거지. 그러니 어머니가 보이니 반갑지만 그만큼 또 심통을 부린 거라.

그때 병원에서 오래 살았어. 돈도 많이 쓰고 살려낸 거라. 그 다음부턴 그런 장난을 하지 않았어. 그때 어머니 가버리면 어떡하나 내 생각만 한 거지. 그렇게 한 걸 보면 나 몽니가 얼마나 궂었는지 생각이 드네. 아, 내가 살아보니 딸 하나 보고 살게 만들었어. 어머니 인생은 생각도 못 했어. 이제사 뉘우친들 뭘 할 거라. 죄지은 것 닮아.

1962년 서귀포초등학교 33회 동창기념. 모교에서 기념촬영했다.

  어머닌 아버지가 죽으러 트럭에 실려 갈 때 동네 엄마가 보이니 한 말에 약속 지키려고 재가를 안 한 거 같아. "우리 아이덜 잘 키와주렌" 했잖아. 그보다 더 한 약속 있어도 다른데 재가해 가려고 하면 그만인데. 우리 어머닌 전혀 그런 말 하지 않았어. 그 이훈 아무 소리도 안 했어. 가겠다고도 안 해봤어. 후회하는 소리도 안 해보고. 일절 입 다물었어.
  그 후에 살려니 어머닌 눈물도 안 보였어. 어머니가 막 강단 세었지. 딱 자신이 중심을 잡아서 살아가야 했으니까. 멩질할 때나 삭망 할 때나 그럴 때만 막 서럽게 울지. 나 앞에서 눈물 흘리는 것도 잘 안 보여. 그때만 눈물이 잘잘. "남편이라도 얻엉 살라" 할 때도 절대 응하지 않았어.
  얼마나 힘들게 살았으면 삼매봉 길 닦을 때 어머니 대신 내가 지게 지고 나가서 일을 했나. 망텡이 갖고 가서 작은 돌들 담아서 아스팔트 안으로 깔아. 한 집에 한 사람 부역이니 무조건 가야잖아. 어릴 때부터 난 어른 역할을 했어. 초등 6학년이면 무조건 갔지. 사람 숫자만 있으면 무조건 나오라 했어. 삼매봉 꼬닥꼬닥 걸어갔어.

할머니 할아버진 하늘같이 우리 어머닐 모셨어. 며느릴 아래 안 놓으려고 한 거라. 애기 낳으면 할아버지 손으로 궂은 피 다 빼줬어. 손 죄던 분이라서. 할머니 오래 살고하니. 우리 어머니가 내게 말했어.

"어머니 나 때문에 재혼 안 헤수과?"
"너 하나 버쳔 어디 안 간게 아니고 시아버지 시어머니, 그 어른들 공 갚아두고 어디 가젠 한 게 일생을 이렇게 살아졌져."

열다섯 살 나무하고 팔러 다녔어

성담을 다시 푼 후에야 우린 다시 서홍동으로 올라왔어. 어머니하고 살면서 난 초등학교 5학년 6학년 때부터 낭하러(나무하러) 다녔어. 나무하고 팔러 다녔어. 나만 고생한 건 아니잖아. 그 시댄 다 죽을 고생 했어. 아침에 하치마키 도로에 일하러 가서 오후 세시쯤 되면 집에 왔어. 한라산 쪽으로 일본사람들 와서 도로 뺀 곳에 죽은 낭 봉그레(죽는 나무 주으러) 거기까지 가는 거라. 탁 나대로 찍어서 지고 오는 거라. 거의 한라산까지 간 거지.

그 낭들을 팔러 가는 거야. 동네 아이들이랑 서귀포 목욕탕 여관 같은데 팔러 가는 거야. 해가 진 후에 등에 지고 가. 목욕탕에 젤 많이 팔았어. 중국집 하고. 그땐 다 땔감으로 불을 땔 때니까. 한 졸래를 두 사람이 졌어. 끈을 묶으면 한 뼘이 한 졸래야. 한 졸래씩 안아 끈을 묶는 거야. 허수아비처럼 벌려서 한 뼘 더 놔서 묶은 것이 한 졸래라 해. 그걸 두 아이가 지고 가는 거야. 남의 아이 깃을 내가 져다 주면 50원 받고. 내것을 져다 주면 50원 주고. 지고 간 값은 50원 이었던 것 같아.

조금 철들 땐 오까리라 해서 가는 거. 땔감용으로 지고 가서 팔았어. 얼마씩 받았는지 몰라. 새벽에 낭 해서 팔고 다시 서귀포초등학꼴 간 거라.

동네 아이들도 고생한 애들이 많아. 막 어린 땐 마중 해줄 사람도 없으니 나 혼자 모든 걸 해야 했어. 어머닌 명주 짜러 가버리고. 우리 서홍동은 바다도 없으니 산에 가서 낭을 해야 살았어. 조금 더 나이 드니까 감귤나무 접붙이는 거 했어.

열다섯 살쯤에 산에서 나무하고 과수원에서 검질 메고 귤 따고 했어. 중학교를 다니려 해도 돈이 없잖아. 그걸 하지 않으면 다닐 수가 없는 거야. 남자들이 덮어주고 여자들이 묶어주고 하는데 난 면도칼로 해서 귤나무 접목 하는 일을 직접 했거든. 일요일이고 뭐고 접목 일은 여자아이가 값이 싸니까 그런 일을 했어.

접목을 좀 할 것 같아서 네가 해라 한 거야. 농장장이 친구네 사촌 오빠여서 비닐 자르러 가고 하다가 접목하는 거 배워서 했어. 어머닌 명주 짜러만 갔어. 영풍회사란 데 묘목을 내가 거의 만들었다고 해야 해. 믿지를 않겠지만 난 몇 년 동안 일을 했어.

어릴 때. 몇 만 평 과수원 조성하는 거. 김태식 어른이 친구네 사촌오빠여서 그 친구하고 같이 했어. 거의 도맡아서 했다고 해도 과언이 아니야. 사람들이 믿지 않아도 난 했어. 그때 그렇게 손을 쓰다 보니 이제 손이 이렇게 다 바보가 된 거라. 누구 어디가 손을 들 수가 없어. 열두 살, 열세 살에 벌초하러 갈 땐 장갑도 안 갖고 갔잖아. 촐(띠) 비러 갈 때도. 옛날 면장갑이 어디 있어. 고등학교 못 가고 4H활동을 했어. 영농활동 조금 배웠어.

과수원에서 일하던 시절의 고옥회(우측에서 두 번째).

난 장사란 건 한번도 못 해봤어. 아예 못 할 일이라. 일 한 거 돈 받으러 가는 거 밖에. 낭장시(나무장사)는 정해진 가격이 있으니까 했지만. 나무가 중국산이 있는 거 아니잖아.

귀마리가 다 뒈와지고. 그때부터 지금 병이 난 거라. 얼마나 먼 길을 가서 낭을 해왔는지. 낭 하러 갈 때는 쉬지 않고 갈 수 있어. 올 때는 그 무거운 걸 등에 지고 오다가 쉼팡(쉬는 돌)에 내려 쉬고. 팡만 있으면 쉬려고 했어.

열아홉에 서귀포 솔동산에 양재학원이 생겼어. 고등기술학원이라 해서 고교 못 간 아이들이 가서 배웠어. 거기선 여자들이 가져야 할 품행에 대해서도 선생님이 가르치는 거라. 기술 배우고 신효 가서 재단하는 거 했어. 종이로 해서 본뜨는 거 했어. 처음 양재점 차리는 언니한테 논 받고 하신 않고 그냥 조금 살

스무살 시절의 고옥화(오른쪽)와 양재점 언니 양복순.

앉어. 양재 기술 배운 거 1년 정도 벗하는 정도로만 한 거야. 그땐 밥만 먹여줘도 됐거든. 그때 친구가 고춘자, 오정희야.

트럭에 실려간 작은아버지, 비행장에서 나타났어

우리 막내 작은아버지(고주만) 마지막을 어머니하고 내가 봤어. 솔동산 입구에서. 거기서 내가 그 차를 봤어. 군인들 호위하는 트럭 위에 작은아버지가 있었어. 갇혔던 감저공장에서 이쪽으로 오니 이제 이중섭 거린가 사무실 있는 가운데 솔동산 위에 그 거리 닮아. 거기서 동더레(동으로) 차는 가는데 거기에 막 사람들 많이 모였어. 서홍리 사람들도 여럿이 갔어. 전화는 없어도 그 소문을 어떻게 들어서 거길 간 거겠지. 좁은 동네잖아. 사람들이 막 트럭에 실려 간 거야.

그때 작은아버지 스물한 살! 작은아버지한테 나도 빠이빠이 손 흔들었어. 죽으러 가는 줄도 모르고. 작은아버진 곱내 부근에 살면서 제주농원에 일 다녔어. 그 집터를 사서 집을 지었어. 작은아버진 민보단원으로 보초 서러 다녔는데 심어가버린 거라고 했어. 잡혀가서 서귀포 감저공장이라고 옛날 오일시장 옆에 있었어. 거기 갇혀 있다가 그날 차를 탄 거지.

어디로 가서 어떻게 죽였는진 몰랐지. 그때 행방불명. 아마도 트럭에 실은 걸 보니 서귀포 바다는 아니라고 생각했어. 작은아버진 결혼해서 세 살짜리 아들 하나 있었어. 그 아들 삶은 그러니까 평생 불행하게 된 거야.

홧병으로 죽은 할아버지

그 후 삶은 어두웠지. 할아버지 할머닌 우리 옆집에 살았어. 할아버진 솔가한 동네에 와서 살다 4·3사건 나분 거라. 노동 일 했어. 팔 꺾은 사람들 죄어준 거라. 아픈 사람 죄어줬어. 난 '영락리 고서방 손지'라고도 하고 할머니하고 연관지어서는 '솥밑 할망 손지(손주)'라고도 했어. 할머니가 큰 일집 주방 일을 했어. 큰 솥 일도 해서 그랬나봐. 할머니가 불 때는 일을 한다는 거라.

난 어려서 그 말을 듣기 싫었어. 궂은 일 하는 거 같아 기분이 안 좋았어. 그래도 내가 가면 '솥 밑 할망 손지'라고 고기라도 한 점 더 주라고 했어.

할아버지는 아들 둘 죽고 1년도 채 못 넘겨서 돌아가셨어. 건장한 할아버지가 아들 4형제였는데 팍팍 죽어가니 홧병으로 돌아가신 거라. 첫째는 일본이나 갔는지 모르고. 막내는 잡혀가서 행방불명. 할아버진 막내 작은아버지 돌아가시고 얼마없어 세상 떴어.

돌아가시기 얼마 전 일이야. 내가 꽈리 씨를 내서 푸깨놀이만 하고 있었어.

할아버지 옆에 앉아서 꽈리 씨, 그걸 담벼락에 묻히고 있었거든. 할머니가 눈이 캄캄했는지 물은 거라.

"이거 할아버지 목에서 나와시냐?"
"푸깨씨우다. 목에서 나온 거 아니우다."

할아버진 더워서 바깥 그늘에 누워 있었어. 할머닌 이제보니 이런 누르수름한 씨들이 가래로 나온 줄 알았나봐. 죽어가는 신랑 목에서 토하는 걸 보고 그랬어. 푸깨라고 해봐도 할머닌 안 듣는 거야. 7월이었어. 할아버진 그때 60세도 안 되있을 거야. 아들들 다 잃고 오죽했을까. 할아버진 아버지 묻힌 봉분 옆에 묻혔어.

그러니 어머니가 정신을 차릴 수가 있겠어? 할머니도 '목숨 붙엉 살아만 졌으면' 했겠지. 어느 겨를에 호강 한 번 하지 못했어. 초하루 보름 되면 삭망하고 1년 되면 멩질하고. 어머닌 그렇게 제사하면서 살았어. 할머니도 울 시간이 없었어. 그 당시 아들들 다 죽어 기가 막혔을테지만. 할머니 일흔 둘. 내가 열아홉 살 때까지 살다 돌아가셨어.

공항에서 나타난 작은아버지

나중에 보니 작은아버지는 예비검속으로 하원 삼면 유족회(8월1일 삼면유족회)에 이름이 들어있어. 작은어머닌 그때 광주 방직공장에 돈 벌러 간다고 나가 버렸어. 나중에 들으니 작은어머닌 광주에서 아이들 있는 집에 재가한 거야. 거기서 아들 셋을 낳았어. 지금 살았으면 아흔셋인데 지금은 돌아가셨겠지.

혼자 남은 어린 아들 그러니까 나한테 사촌동생이야. 나보다 여섯 살 아래야. 동생은 할머니하고 살았어. 집은 따로였지만 친동생처럼 우린 어릴 때 살았어. 그 동생은 부모가 없으니 학교도 제대로 못해서 초등학교만 나오고 육지 살다가 결혼했어. 그 동생도 8년 전에 돌아갔어. 딸 하나가 있어.

근데 꿈같은 일이 벌어졌어. 제주국제공항에서 작은아버지가 나타난 거야. 내 혈액으로 찾았어. 내가 작은아버지 DNA를 맞추게 될 줄은 꿈에도 몰랐어. 우리 마을에서 세 사람이 DNA로 찾은 거야. 고군률, 고은택, 우리 작은아버지 나오고.

근데 그 유해 발견되고 나서 더 속상한 일이 생겼어. 잘 만날 수도 없었던 작은아버지한테 하나 있는 그 딸이 작은아버지 유골 단지를 4·3공원에서 갖고 온 거야. 서귀포 공설묘지에. 남국 선원 올라가는 학생 야영장 근처 공동묘지에 단지 유해를 옮겨버렸어. 그대로 4·3공원에 있었으면 얼마나 좋았을까.

난 한 번도 빠지지 않고 삼면유족회 위령제 할 때 참석해. 아무도 갈 사람이 없어. 나 혼자 가는 거야. 이 집안에 있는데 누가 보살피랴 가는 거지.

결혼, 신혼여행 시기에 보리 검질!

스물네 살 초에 결혼했어. 세 살 위 남편(오경숙)은 3남 2녀 가운데 네 번째. 술 담배도 하지 않고 성실한 사람이라. 결혼 전에 남편이 아파서 육지 학교에 화재가 나서 고향에 왔을 때야.

고복화 오경숙 결혼식.

고옥화 부부 결혼식 후 기념촬영.

형님네 과수원에서 일하다가 허리를 다쳤다는 거야. 결혼 즈음인데 지장샘에서 내가 그 동네 갔어. 거기 가서 내가 주사도 놔줬어.

내가 어린 때 주사도 배워서 좀 놨었거든. 따지고 보면 연애 결혼이라고 해야지. 우린 마을회관에서 면사포 쓰고 결혼식을 했어. 결혼사진 찍고 이틀 동안은 도순리 갔다오고 다음 날 부터 보리 검질만 맸어. 신혼여행을 보리 검질 매기로 했던 거라. 지금 생각해도 어이 없지.

그땐 다 아는 처지에 홀어멍 딸이고 해서 처음에 탐탁치 않게 생각했나 했어. 아들은 서울까지 가서 대학공부도 하다 오고 난 중학교만 나왔잖아. 그래도 아이들이 태어나고, 살려니 난 일만 일만 했어.

결혼해서 벌통 지러도 갔어. 벌 키우는 벌통을 두 개 올려놔서 저 동산으로 가는 거야. 서홍동은 찻길이 안 좋았어. 버쳐도 사람 힘으로만 전부 올렸어. 벌통 하나에 돈을 주는 거야. 우연히 집에 왔던 시누이가 돈 절약해서 벌통지지 말지 했던 말이 아직도 가슴에 남아. 남의 속도 모르고. 그 말이 가슴 아프더라고.

　시어머니도 참 좋았어. 우리하고 16년을 함께 살았어. 지금 사는 이 집은 81년도에 지었어. 여기서 시어머닌 텃밭도 가꾸며 살았어. 결혼해서는 서홍리 곱내에서 살았어. 내창이 곱 갈라진 곳이라 해서 곱내. 난 시집에서 욕도 들어보진 않았어.

통 큰 어머니 양만생, 101살까지 살아
4·3장한어머니상 받고 온 동네에 조기 5마리씩 나눠

　우리 어머니도 내가 시집 간 후에 성가시게 하지 않았어. 어머니하고 한 올레에 살았어. 그러니 비린내 나는 음식 할 땐 냄새 팡팡 나는데 나 혼자만 못 먹잖아. 어머니한테 갖다드리고 먹지. 어머니도 음식하면 우리 집에 갖다 주고. 한번은 뜨거운 호박잎국 갖고온 날 어쩌다 네 살짜리 우리 딸 데어서 엄청 고생하기도 했어.

　어머닌 누에 키워서 실 뽑고 명주 짜고. 호상옷 장옷도 잘 했어. 그걸로 집도 지어서 내게 물려줬어. 밭도 600평짜리 샀어. 난 어머니가 100살 나도록 낮잠 자는 걸 못 봤어. 그런 어머니야. 절대 낮잠 안 자.

　안경이 없어. 안경 안 쓰고 아흔 살까지 바느질을 했어. 그렇게 건강했어. 할아버지가 너무 고맙지. 아마 궂은 피 빼준 덕이 있지 않나싶어. 할아버지 돌아가시니 할머니가 계시지. 시부모가 그렇게 며느릴 위해 잘 도와줬잖아. 아들들은 팡팡 죽어가는데 남편도 없이 며느리가 하나 있으니 얼마나 귀했겠어.

　어머니 친정은 예촌, 일곱 남매 가운데 어머닌 맏딸이야. 그러니 큰딸이 살

해야 한다는 그런 사명감이 있었어. 어머닌 글도 잘 썼어. 가계부도 썼어. 글을 어찌 어찌해서 배웠더라고. 외할아버지가 한학을 했어. 당시엔 여자들이 절대 공부를 하지 못하게 하던 시대였는데 대단한 거지. 동네 사람들이 딸들 공부시키는 거 알면 다 그냥 놔두지 않았다고 해. 할아버지한테 딸 공부시키면 안된다고 했다는 거야. 다른 집 딸들도 공부하겠다고 할 거니 절대 공부시키지 말라고 했다는 거라. 그래도 어머닌 공부를 조금 했던 것 같아.

외가에서도 큰손주니까 날 아꼈어. 지금도 내가 술술 외워지는 토정비결 보는 '갑자을축 해진금…'도 외할아버지한테 배웠어. 외할머닌 옛날 검질불로 밥 했잖아. 행기(놋그릇)에 계란후라이를 한다고 해서 특별히 나한테 줬는데 불치가 다 들어간 계란이라.

우리 어머닌 일생 식게만 하다 101살에 돌아가셨어. 한 해에 10번 제사했어. 4·3장한어머니상도 2002년(2회)에 받았어. 그때 어머니가 상금 50만원을 받았어.

10만원은 동사무소에 희사하고 40만원 어치는 생선, 조기를 사서 5마리씩 동네에 다 태웠어. 동네 가근하게 다니는 집집마다 나눠준 거라.

어머닌 봉사하는 걸 좋아했어. 남의 것을 공짜로 먹으려 하지 않던 어른이라. 당신이 무엇이든 주려고 하지. 그 상 탔다고 해서 당신 혼자 고깃국 끓여 먹질 안 했어.

나중에 보니 젊은 사람들이고 노인네고 어머니가 선물한 그 조기 먹었다는 사람들이 다야. 나한테 의견 들은 것도 아니야. 당신이 제사를 많이 하니깐 생선 같은 거 그 마른 거 필요하다는 걸 느껴서 다 나눈 거지. 어머니한텐 이 세상에 귀한 것이 생선밖에 없었을 거야. 동네도 그렇게 어려울 거라고 생각했겠지. 누가 "고기 사다가 줍서" 했겠어? 어머닌 정말 통이 큰 어른이었어. 한 턱

어머니 고 양만생씨가 2002 4·3장한어머니상을 수상했다. 앞줄에 고옥화. 뒷줄 좌로부터 남편 오경숙, 우근민지사, 고 양금석 전 도의원이 함께하고 있다.

2003년 고옥화 환갑기념 가족사진. 시댁식구까지 모였다.

고옥화 가족사진.

쏘고 끝인 거지.

누가 생선을 나한테 큰 거 줬어. 난 그걸 제사 때 쓰려고 놔뒀다고 말했어. 그랬더니 그냥 먹으라고 준 건데 그랬다는 거라. 나도 결혼해서도 그걸로 국을 끓여 먹어볼까하는 생각을 못 해봤어. 어머니하고 나만 살아서 그랬나봐. 귀한 생선국을 해 먹지 안 했으니까. 각재기국이나 이런 거만 했지. 팔십 되어도. '생선은 제사 때만 쓰는 거주' 했어.

내 나이 팔십 넘어야 생각이 든 거라. '아, 나만 그렇게 했구나' 그런 생각이 머리에서 떠나지 않는 거라.

어머닌 당일바리 손질해서 네다섯 마리씩 꿰어서 빨랫줄에 말리는 것만 했어. 생선은 식게 해서 먹는 귀한 음식이었던 거라. 당신이 그런 마음가짐을 했기 때문에 그런 선사를 한 거지. 그걸 놔뒀다가 제사 때 한번 쓰시라고 한 거지. 국 끓여서 한번에 먹어버리란 건 아니었을 거야. 어머닌 치매 한 번 안 하고 당신 홀로 살았어. 돌아가시기 전에 잠깐 내가 우리집에 모셨을 뿐이야.

어머니 돌아가시고 그 제사를 내가 맡아서 했어. 밖에서 어디서 돌아가셨는지 모를 큰아버지 셋째 아버지하고 4·3에 돌아가신 우리 아버지, 막내 작은아버지 제사도 다 했어.

난 왜 생존자에게 아버지 얘기 못 물었을까

지금 생각하니 한이 돼. 그때 아버지하고 갔는데 살아났던 그 '모슬개 허서방' 어른은 서홍동 이웃에서 그렇게 오래 살았는데 아버지 말을 한번도 들어보질 못했어. 나는 어린 나이지만 매일 보면서도 그 할아버지한테 가서 우리 아버지 말을 차마 못 물어봤어. 아버지가 그때 죽었다는 걸 알면서도.

"4·3사건 때 우리 아버지 어떵 죽엇수과."
" 우리 아버지 그때 봐집데가, 그때 죽으레 간 어떵해수과."

그 할아버지는 살아오고 아버지는 죽었으니 무슨 죄인처럼 보이는 거라. 그 사람들 중에서 한 사람만 살아온 그 할아버지 죄도 아니고, 우리 아버지 죄도 아닌데 왜 살아있을 때 그 말 한마디를 못 물어봤나.

"그때 간 어떵헤수과?"라도 들어볼 것을. 그 할아버지는 시국이 끝나니까 말해 줄 수도 있었을텐데 그걸 왜 못 물어봤나 생각해.

그때 우리 어머닌 아버지 죽은 소식 듣고 엎어졌을 거라. 난 다 죽여버렸다는 얘길 듣고 죽는 거 숨 막히는 것이라고 알고 있어서 잠자면서도 '아버진 죽어버렸구나' 하는 생각이 들었어.

아버지 학살 장소 다 늙어서 봤어

아버지 돌아가신 곳을 다녀왔어. 70이 다 되어서야 가봤어. 그때 한꺼번에 학살당한 곳이야. 동산에서 보면 아래로 움푹 내려앉은 굴헝진 밭이잖아. 당시 그곳 현장을 알았던 분이 우리 집에 살았던 어르신인데 돌아가시기 전에 말해줬어. 그 어른도 나중에야 그 말을 한 거라. 그때 가보니 허허벌판 곡식 밭이었어. 저 위에서 쏘았구나 하는 생각이 들었지. 그땐 상당히 소나무가 많았어. 얼마나 무서웠겠어.

처음 보니 가슴이 철렁했지. 어디서 엎드련 죽어신고. 여기가 영혼이 뭐 한 장소다 생각하니. 그곳에 다시 가지 않았어. 돌아서면 가슴이 아프고. 아버지 동생들 다 있는 사람들은 그 외로움을 모르는데 난 여섯 살에 아버지 하나 그렇게 되었잖아. 그러니 그 마음가짐 갖고 살아온 거라. 너무도 괴롭게 살았어. 난 호끔(조금)이라도 잘못하면 누가 밀려버리면 구렁텅이에 떨어질 수 있고, 잘못한 일 했다간 세상에 어머니하고 난 살아남지 못하겠다 하는 생각을 고등학교 들어간 아이들보다 그때 더 빨리 들었던 거야.

4·3은 정말 저처럼 무서운 거로구나 하는 생각이 들지. 그다음에는 원 사람이 말을 못하고 산 거잖아. 그 기억을 자꾸 하지도 못하고. 이 말 나중에 나한테 들을 줄 안 것도 아니고.

우리 동네서 "아버지가 4·3에 죽엇져" 하는 말은 하지 않았어. 폭도란 말은 안 들어봤어. 밤에 숨으러 가긴 했지만. 동네 사람 다 죽기만 했잖아. 무서우니까 도망가니까 폭도라 한 거지. 알로 죽이러 오면 위로 간 것이지. 아버진 산에 가보지도 못했어. 그냥 잠자는 사람 잡아다 죽인 것도 폭도라? 우리만 아니고 여럿들 죽었잖아. 산에서 오도 가도 못하니까 폭도가 된 거지.

다 농민들, 폭도가 씨로 나수과. 씨로 심은 거면 나지만. 다 동네 사람들이야,

아버지 학살터를 가리키고 있는 고육회.

그때 호썰(조금) 빽 있으면 살고. 황당하면 심어다가 다 죽는 거야. 자꾸 잡으러 따라오니까 차츰차츰 산중으로 가다 보니 폭도가 된 거지.

배고파 가면 밤에 콩콩 두드려 도둑질해 가고. 살려고 그런 거지. 그땐 라디오도 없으니 언제 끝날지 모르잖아. 사람 나오다 보이면 죽여버리니까. 그것도 불안하고. 그러니 오래 숨은 사람은 폭도라 해서 오도 가도 못 하게 했다고 생각해.

보상금? 아버진 서른 몇 살에 돌아가셨고, 난 이거 칠십몇 년을 넘어 호강하면서 그 돈을 타 놓으니 그 돈을 쓸 수도 없고. 이 돈을 어떡하리 해서 아이들한테 조금씩 주려 했어. "절대 안 됩니다. 어머니 이제도록 고생했는데 그 돈은 돈이 없어도 안 쓰쿠다" 하는 거라. 그래서 겨우 사정해서 스무 명 손지들 하고 아이들한테 백만원 씩 줬어. 나머지는 통장에 두고 내가 어떻게 써야 할까 생각 하는 거라.

사람들이 보상금 말하는 것도 싫어. 보상금이라고 다른 사람들이 얘기할 때 난 속으로 가슴이 미어졌어. 돈 타먹어분 것도 죄인이고. 아버지 목숨 바친 돈을 내가 쓰라니 가슴이 미어진 거라. 아버지네 영혼 위해 쓰고 싶어. 어머니도 살았으면 이 돈 안 썼을 거야. "나가 무사 쓰느냐" 했을 거야. 천금 만금 돈으로 살 수 없는 거. 어멍 일생 나 일생 홀어멍 똘 해서 살았잖아. 누구 제대로 알아주지도 안 하고.

어려서 하도 고생해서 이젠 이 큰 집에 혼자 살면서도 웬만하면 대범해지려고 노력하지. 건강하게 살다가 남편 곁으로 가는 것밖에 바랄 게 뭐 있어. 4·3 다 풀어놔서 화합한다하고. 이제 어떡할 거라. 울부짖으면서 죽었지만. 내가 죽을 때 되니까.

고옥화가 한라문화제 때 출연해 이야기를 풀어냈다.

남편, 제사나 4·3이나 다른 소리 없이 잘 해줘 고마워

  16회 한라문화제에 내가 대표로 나갔어. 부녀회 할 때야. 거기서 옛날 이야기했어. 다 할아버지한테 배운 거여서 어렵진 않았어. 서귀포서 나 혼자만 가서 참치만 우수상으로 30개 받았지. 군청 직원 하나 주고 복지회관에 다 태워줬어. 시청 군청 직원이고 내보낼 사람 없을 때라 직원이 밤에 데려다주고 했어. 노래는 잘 못해. 기십 살아야 노래도 부르지.

  이상하게 어릴 때 할아버지한테 들은 이야긴 좔좔 나오는 거라. 난 할아버지한테 귀한 손녀여서 어려서 무릎에 앉혀놓고 제주도 지명 들어간 이야기도 그때 많이 해줬어. 내가 이야기를 잘 풀어낸다고 하는 것이 다 할아버지 영향이라. "아라위서(아라리서) 안 놈이…"

  부끄러워 안 했는데 늙어서 복지회관에 가니 초등학교 때 놀이했던 손가락

놀이가 생각나서 한번 해봤어. 그게 재미있다고 이젠 다들 따라하는 거라. 손가락 노래야. 열 손가락을 이렇게 하면서 부르는 거야.

　싸운다 싸운다
　아이들이 싸운다
　어머니가 나와서
　약을 발라주면서
　사이좋게 살아라 사이좋게 살아라

지금 돌아보니 결혼은 잘 했어. 아들 하나 딸 넷. 아무런 걱정하지 않아도 되게 잘 컸어. 선생 하다가 그만둔 딸들도 있고. 아들 낳으려고 했는데 딸 부자가 됐어. 이젠 다들 자기 일들 하면서 잘 살아. 시간 나면 사경하고, 마당 텃밭에 농사한 거 아이들 한테 나눠 주는 재미도 좋지.

어머니하고 살 땐 제사 지낼 사람도 없었지. 제사 때 되면 절할 사람 기다리는 거라. 사위가 있어서 다행이지. 어머닌 외손자까지 빌어서 절하려 했어. 남자 없는 집은 저녁때 되면 누굴 빌엉 절하랴 하는 거지. 남편이 남국선원에 안치된 것이 2016년인데 날 오래 기다리고 있어. 건강하게 살다가 남편 만나러 가야지.

남편이 고마웠던 건 50년 동안 제사에 대해서나 4·3에 대해서나 어떤 소릴 해본 적이 없다는 거라. 그러니 두고두고 고마운 거지. 내가 죽을 때까지 제사라도 잘 해주고 싶어. 그 후는 몰라.

〈구술채록 정리 허영선〉

죄를 묻지도 않고
어떻게 그렇게 합니까

김옥자

_1938년생, 표선 토산, 제주시 거주

가슴 맥히게 하는 내 고향 알토산…"가네모토 다마짱"

고향? 내 가슴을 맥히게 하는 곳이야. 토산! 망오름이라고 오름 중간에 하나 있어. 북쪽에는 웃토산. 남쪽에는 남토산. 그렇게 토산1, 2리로 형성된 동네라. 토산은 그렇게 잘 사는 사람들도 없었고. 고만고만한 해변 마을이야.

오빠 낳고 아버진 일본 돈 벌러 갔다 왔다 하셨어. 그땐 제주 사람들이 대개 일본을 오갔잖아. 그러다 내가 태어났어. 1938년생. 난 아기 때 부모님이랑 일본 가서 살았어. 내 기억으론 동경 쪽에 살았던 것 같아. 도시여서 그런지 거기선 흙을 본 적이 없어. 오빤 그때가 초등학교 입학연령이라 안 데리고 갔던 것 같아.

근데 일본에선 태평양 전쟁 막바지로 가면서 쌀을 구하기가 무척 힘들었어. 시골 먼 데까지 쌀 구하러 가는 거야. 나도 어머니하고 전철 타고 한참 걸어가서 쌀을 구하고 왔던 기억이 있어. 그러니 우리도 아예 "고향으로 가자"해서 들어온 거야. 해방전이지. 아버지하고 무사시노에 소풍 갔다가 얼마없어 짐을 싼 거야. 고향에 오니 사람들이 날 보고 "가네모토 다마짱! 가네모토 다마짱! 이리

1943. 3.11. 일본 시절 도쿄 인근 무사시노로 소풍을 갔다. 아버지(김형숙)와 꽃들고 옆에 선 김옥자. 뒷줄 병으로 돌아가신 둘째 아버지의 아들 딸과 함께.

와라." 일본 이름을 불러. 내가 그때 다섯 살! 여기 와서 집 짓고 살았어.

우린 4남매야. 난 오빠하고 일곱 살 차이가 나. 그러니깐 4·3사건 땐 나 열한 살. 나 아래로 여동생 일곱 살, 남동생 네 살 먹었어, 아버진 내가 첫 딸이라 그랬나 많이 아껴줬어. 집에선 다정하고, 집 밖에선 동네 행정 일도 다 봐주시던 분이야. 말 더하기 어려운 사람들 대변인도 해주고. 그러니 동네선 신망이 두터웠지.

부당하게 때리는 일본 감독관 두들기고 일본 떠난 아버지

아버진 부당한 건 참지 못하는 성격이었던 것 같아. 일본에서 나를 낳았다고 하니까 잠시 고향에 들어왔을 때 일이야. 어머니가 말해줬어. 토산 다리 곁에 살 때 일이야. 신흥과 토산 사이 다리를 놓을 때거든. 지금 교량은 세 번째 놓은 다리라고 해. 신흥리 쪽에서 제주 사람이 막 매 맞는 거야. 한 번 두 번 볼 새도 없이 우리 인부가 일본 감독관한테 막 맞는 걸 아버지가 본 거라. 아버지가 달려들었어. "뭐냐!" "다리공사 하는데 일당 주라하니까 막 때렴수다" 한 거라. 그러니 우리 인부 보고 "가서 씻고 치료해" 하고는 아버지가 일본 감독자를 막 두들겨 패기 시작했대. 우리 어머니가 어쓱 보니 아버진데 죽기 직전까지 막 두드려서 마지막엔 발로 팍 차서 고랑창으로 그 일본 감독자를 밀어버렸어. 그래놓고 집에 와서 어미니한테 "얼른 옷 꺼내 주시오. 나 일본 갈 거니 저 일에 대해선 아무 것도 모른댄 하라. 저 옆집에 가서 이번 사건 보았으면 못 봤다고 하라" 그런 식으로 해놓고 일본 가버렸어. 그 사람이 일어나 지서로 가면 난리 날 거거든. 정말 다음날 난리가 났는데 다 모르겠다고 한 거라. 어머닌 남편이 그렇게 주먹 쓰는 사람인걸 몰랐다고 했어.

그런 분인데, 단 한 사람이라도 그 마지막 날에 나서서 이 분은 그런 사람 아니라고 한마디만 했더라면. 그랬더라면 살지 않았을까. 난 그런 생각을 자꾸 하게 돼. 다른 마을은 그런 사람들도 있다는데. 그 생각만 하면 지금도 가슴이 탕탕거려. 그때 일은 이루 말을 할 수가 없어.

추석날 새벽 서울로 오빠 만나러 떠난 아버지

그 해(1948년) 추석날이야. 아침에 깨어보니 차례상(양력 9월 17일)이 이미 차려져 있었어. 이상했어. 아버지만 절을 하는 거라. 제를 지내려면 할아버지도 오시고 작은아버지도 오시고 셋째 아버지도 오셔야 할 건데 왜 추석상이 벌써 차려져 있나? 앞집에 사는 말젯아버지도, 할아버지도, 친족들도 오지 않았어. 해가 뜰락 말락 할 때라. 나는 부시시 잠에서 깼어. 정신이 없었어. 왜 밤에 제사를 지낼려고 하지? 어머니한테 물어보기도 전에 아버진 확 두루마길 벗고 옷을 갈아입는 거야. 가방 들고 저 올레길로 나가는 거라. 난 아버지! 아버지! 부르며 나갔어. 아버지가 한마디 했어. "아, 나 서울 가서 성규 잠깐 보고 올게. 어머니 말 잘 듣고 있어라." 오빠 만나고 온다고. 오빤 서울서 공부하고 있었어.

신흥리장의 죽음

근데 그때부터 마을이 뒤숭숭했어. 우리 마을에서 다리 하나 건너면 신흥리. 그날 아버지가 육지 가기 전, 8월 추석 전날이야. 신흥리 이장이 습격 들어 처참하게 죽었다 해. 그날 저녁은 온 개들이 다 모여서 돌아다니면서 막 크게 짖는 거라. 우리 아버지는 아침에 그 소식을 듣기 전에 떠났어. 아니면 그분이 돌아가시기 전에 뭔가를 알았는가 몰라. 왜 저렇게 짖는 것이냐? 이상했겠지.

신흥리는 세 부락이어서 이장이 3명이라. 중간에 이장되는 분은 나도 아는 분이었어. 똑똑하고 부자고, 아들 하나밖에 없는 집이었어. 그분이 좌익계 분한테 죽었어. 그럴 때 우리 아버지가 서울로 간 거지.

그때 우리 오빤 표선국민학교 다녔어. 작은아버지가 1년 늦게 했는지 오빠가 1년 빠르게 들어갔는지 같은 학년이었어. 그러니까 작은아버지가 아니면 자기가 일등을 할 건데 속상해 했어. 같은 점수에 같은 등수라도 작은아버지여서 일등. 오빠는 이등만 한다는 거라. 그러니 작은아버지가 가는 중학교는 안 가겠다고 한 거라. 작은아버지는 제주시 농업중학교로, 오빠는 서귀중학교로 갔어.

근데 서귀중 가니까 오빠 생각에 농중(농업중학교)만큼 못해뵌 모양이야. 아버지한테 육지로 보내달라고 했어. 서울 어느 학곤지는 몰라. 가장자리에 흰 띠를 죽 두른 모자였어. 몇 학년인지 난 모르지. 집에서 돈만 보내주고 가끔 아버지가 가면 만나고 했으니까. 그러니 추석 날 아침에도 '아, 아버지가 오빠 만나러 가시는구나' 생각만 했던 거지.

"종이쪼가리 전부 주워다 솟강알에 넣고 사뤄라"

할아버지가 나를 불러. 그때부터 조금만 일이 있어도 할아버진 나만 부르는 거라. 심부름 시킬 손자가 나밖에 없었어. 동생들은 어렸거든.

"큰 년아, 아침에 일어나서 저 올레에 종이쪼가리 닮은 거 보이거든 다 주워다가 솟강알에 넣고 솔아버려라(솥 밑에 넣고 태워버려라)"

"왜요?"

"알 필요 없다. 아버지 보는 신문은 우체부가 가져온다. 거기 던져버리지 안 하니까 걱정마라."

부모묘 이장하고. 좌로부터 여동생 김방자, 김옥자, 남동생 김성주.

새벽에 오줌 싸러 나오다가 올레길에 하얀 종이쪼가리들이 히뜩히뜩 보이면 '아, 저게 할아버지가 말씀하신 하얀 종이구나' 난 전부 다 줍는 거라. 주워다가 부엌 솟강알에 집어넣었지 뭐. 나중에 보니 그게 삐라라. 아버지도 안 계시고 난 할아버지 심부름만 죽 하는 거라.

아버지, 아 아버지!

아버지가 그때 서울 가서 얼마나 살다가 왔는진 몰라. 추석에 가서 돌아가시기 며칠 전에 오셨어. 어느 날 놀러 다니다 집에 와 보니까 아버지가 와 계신 거라. 내가 달랑달랑 들어와서 아버지한테 말을 했어. "아침엔 태극기 달려있고 저녁엔 오줌 싸러 나가젠 보면 다른 깃발이 걸려 있고, 포대기 닮은 것도 걸려 이십디다" 그랬더니 아버지는 "경허여시냐(그랬냐)?" 그러시는 거라. 내가 할아버지 심부름으로 종이쪼가리 태워버렸다는 말도 했지. 아버지도 "혹시 낮에도 그런 종이 보일지 모른다. 보이는 대로 주워다 솔아불라(태워버려라)" 그러시는 거라.

난 오빠 소식이 궁금했어. "아버지! 서울 가서 오빠 만납디가?" "오빠 만나고 부산 내려와서 한 이틀 있다가 배 기다리다 왔져" 하는 거라 아버지는 아들을 만나러 육지에 가서 돈도 좀 주고 부산 내려와서 오신 것 같아.

아버진 근데 육지에서 꽤 살았던 것 같아. 제주도에 온 지 얼마 안 있어서 그 사건 만나게 됐으니까. 그때는 제주도에 오려면 부산에 와야 배를 타고 올 수 있었어. 부산 내려와서 아는 집에서 하룻밤 자고 배를 타고 제주에 왔다고 해. 근데 그날 저녁부터 뱃길이 딱 끊겨버렸어.

바다에 고깃배도 하나 못 뜨게 하고 그냥 딱! 이젠 나가지도 못하지. 아버진 집에 와서 농사 지은 것도 다 장만해두고 가려고 했을 텐데. 이비진 와서 죽으러 가는 날까지 집에서 잠을 안 자고 노인들 집, 바닷가 언덕에 정말 별별 데 다 다니며 살았어. 찾아간 노인네 집에선 소가죽 깔고 소가죽 덮고 바닥에 검질 깔고 자는 거라. 주인 할아버지처럼 옷 다 입어서 자는 거지.

참! 아버지 오시는 뒷날은 웃토산서 알토산으로 내려오는 공사를(소개령이 내려서 해안마을로 대피하였음) 막 할 때야. 우리집은 넓었어. 알토산으로 내려온 아는 사람들 여섯 식구가 우리집에 왔어. 또 밖거리 외양간 있는 데는 방 하나 있는데 다른 분이 와 있고. 전부 몇 사람이 왔는진 몰라. 하여튼 북작북작. 내려와서 며칠 밤을 잤을 거야.

그렇게 살다가 어느날 다들 "모이라! 모이라!" 했어. 달밤 되니까.

표선백사장…아버지 3형제 희생

그 표선 모래판에서 우리 아버지네 3형제 다 같은 날 몰살 됐어. 우리 아버진 아들만 4형제 가운데 큰아들! 첫째야. 둘째 아버진(희숙) 일제강점기때 이미 돌아가셨고. 우리 아버지 형자 숙자 (김형숙) 39세. 셋째 아버지 영자 숙자(영숙) 29세. 막내 작은아버지 원자 숙자(원숙) 19세. 다들 청년들이잖아. 우리 오빤 장손! 열여덟 살인데 행방불명. 아, 한 해 지나니까 열아홉 살이구나. 우리 작은 아버지와 오빤 동갑이지. 우리 오빤 결혼 시킬 생각도 하지 않을 때였어.

우리 아버지네 표선백사장에 끌려갈 때는 이렇게 군인들이 마을을 에워싸서 한 사람도 빠져나가지 못하게 했어. 마을이 작으니까. 어디 갈 데는 바다 밖에 없잖아! 가을걷이 하면서 곡식 눌을 한 집도 있고. 산듸눌, 감저눌, 모멀(메밀) 눌 다 하잖아. 군인이 "나와! 나와!" 눌 속에 사람이라도 숨겨놓은 줄 알고 총부리로 막 쑤셔대는 거라.

부엌에 땔감 검질 쌓은데 있으면 거기도 발로 쑤시고. 말도 못할 정도야. 그렇게 했어. 우리 집에는 90 되신 할머니가 계셨어. "뭔 일이 있나?" 할머니가 문을 요렇게 열면 할머니 홀목(손목)도 확 잡는 거라. 아버지가 노실(치매)하고 있는 할머니니까 그냥 놔달라고 사정했어.

"나오시오!"
"할머닌 제발 놔주십서."

그러니 칼로 찔러 불진 않고 내버려 두는 거라. 일단 향사 마당에 다 모이라 했어. 거긴 일제 강점기에 초등학교 분교로도 쓰던 곳이라. 날이 좀 어두웠으면 모를까. 그날은 얼마나 달이 밝았는지 음력으로 11월 16일(1948년 12월 14일)인가 했어. 지금 그곳은 개인 땅이 돼 버렸지만.
동생 둘은 어머니 손 잡고. 어머니 품에 안고 해서 여자 쪽으로 가라 하니까 왼쪽으로 가 앉고. 난 아버지 손 잡고 가서 앉을 때도 아버지 쪽으로 가 앉았어. 그날도 다 생생해. 여자 남자 따로 앉게 했어.

"남자는 18세로 40세까지 이리 나오시오. 여자도 18세로 30세까지 나오시오."
"결혼한 사람은 저쪽으로 가시오."

난 아버지 손을 놓지 않았어. 그러니까 아버지가 다른 손으로 슬그머니 그 손을 떼는 거라. "옥자야, 어머니 쪽으로 가라" 그게 마지막이라. 난 살살 어머니 쪽으로 갔어. 마침 군인들은 사람들을 분류하는 시간이어서 나를 볼 겨를이 없었어. 우린 그날 집으로 돌아가라 해서 왔지만 그 남자분들은 다 거기 긴혔어. 나는 앞에 돌이 있는지 할머니가 있는지 누가 있는지 자꾸 뒤만 돌아보면서 아버지 쪽으로만 보는 거라. 데려간 사람들은 이틀 밤 재우고 3일째 날은 그냥 죽여버렸어. 그때 무슨 죄를 묻고 죽였나? 왜 그랬나?

죽은 아버지를 만지고 싶었어

아버지의 시신이 온다니까, 어느 밭으로 온다니까 그 밭에 가서 난 기다렸어. 근데 시신이 올 시간 되니까 어른들이 그 밭 바깥으로 아이들은 다 내보내는 거라. 난 가만 있었어. 아이들은 얼씬도 못 하게 해. 꼭 욕도 아닌 소리로 말했어.

"넌 누구니? 아이들은 안 본다. 다 나가라! 다 나가라!"

밭에서 다 나갔어, 그냥 어른들 하라는 대로 다 나왔어. 난 곱닥한 잔디 깔린 길가에서 놀다가 그래도 궁금했어. 이렇게 돌아서 아버지 시신은 어디 있는지도 몰라도 어른들 눈만 피해서 그 밭에 가보자 한 거야. 살짝살짝 갔어. 저쪽에 어른들 막 많이 모여 있었어. 또 한쪽에도 시신인지 뭔지 하나 놔서 뭔가로 좀 가리고 있었어. 겨울이어서 그런지 뭐 시신이 파괴되나 그런 건 없어.

난 우리 아버지 손만 한번 만져보고 싶었어. 죽으면 이렇게 되는구나. 하, 근데 열 한 살짜리가 무서워도 안 하고 그냥 만져보려는데 아버지 피부는 닿지 않는 거라. 그냥 닿았으면 피부가 막 상한지 어떤지 알 건데. 이렇게 손을 대어 보려니까 시신 지키는 사람이 왔어. 사람들은 그때 다 어디로 잠깐 피한 때라.

거기 시신이 여럿이니까 한 마차에 실어 와서 여기 한 분 놓고 저기 한 분 놓고. 시신을 그렇게 놓는 거라. 모래판에서 이제 제라하게(제대로) 감장하려고 실어 왔어. 그러니까 파랑한 풀은 나지 안한 때야. 그래도 몇 개월은 지났겠지.

며칠 만인지 몇 달 만인지 와서 이제 모래라도 덮으라 하니까 가서 뭐 가마니 푸대 같은 것 갖고 가서 표시들 하고. 거적이라도 있는 사람은 갖고 가서 천이라도 덮고. 집집마다 연고 있는 사람들 찾아가는 거지. 사람을 빌어서 간 사람도 있고. 가족 찾으러 직접 간 사람도 있고.

그냥 마차에 실어지는 대로 실어서 오는 거라. 우리 아버지는 다 모래도 털고 깨끗한 상태에서 천 깔고 시신 눕혀 있는 상태였어. 아휴. 그때 "아버지~~" 해서 울기라도 할 거지. 울 생각도 아무런 생각도 없었어. 그냥 슬그머니 물러서서 주위만 맴돌았던 거라.

아버진 손님이 오면 "담배 사오라" 또 "술 받아오라" 나한테 심부름 시켜. 그때 차판도 없을 때라. 난 요만한 찻상에 꼭 장 놓고 갖고 가는 거야. 재떨이엔 재가 남아 있는지 깨끗히 씻고. 아버진 "옥자는 한가지 말하면 열가지 다 알아서 하니까, 두 번 말 안 한다" 했어. 아버지 사랑도 듬뿍 받고 오빠 사랑도 받고. 아버지 육지 다녀 와선 말할 기회가 없었어. 그게 마지막.

작은아버지 밀항 만류 할머니 끝내 가슴 쳐

열아홉에 죽은 우리 작은 아버진 결혼해서 반년 밖에 안 되니까 애기도 없을 때야. 그러니까 할아버지가 셋아버지 아들을 데려다가 키웠어. 네 살 때 데려다가 대를 이은 거라. 작은아버지가 19살 봄에 결혼하고 가을에 죽어버렸으니까. 혼인신고도 하지 않은 때야.

우리 할머니 할아버지가 욕심이 센 건지 그 작은아버지 돌아가셨는데 혼인

신고를 하려고 사돈집에 갔어. 사돈네 집에서 그랬다는 거라.

"죽은 사람하고 산 사람하고 어떻게 같이 삽니까. 혼인 신고 못 해줍니다."

그랬다면서 막 와서 가슴 아파 하는 걸 내가 봤어. 우리 아버지네 돌아가셔서 그 다음 해 쯤인가 아무튼 날짜로 1년도 안 된 때라. 그러니 작은어머니는 재혼해서 토산 살았어. 난 어릴 때도 '야, 우리 작은아버지가 돌아가시니까 저렇게 살기도 하는구나' 생각했어.

근데, 우리 작은아버지는 죽지 않을 수도 있었어. 사건 나기 몇 달 전이야, 토산 갯바위니까 이 자리 거리는 배가 여기 와서 대는 거라. 자리 팔고 생선 낚는 배 저쪽으로 가서 댈 때라. 근데 내가 보니까 우리 할머니가 막 누구하고 말하는 거야.

우리 할머니가 '왜 저기 가서 말을 하나?' 생각이 드는 거라. 뭐라고 그러는가 가서 보니까 작은아버지가 떼배에 탄 거야. 네 사람이 탔어. 나중에 들으니까 이유는 밀항! 일본 밀항! 이제 작은아버지가 이 동네가 위험해 가니까 밀항해서 일본으로 떠나려 한 거야.

그러니 할머니가 그걸 알고 달려가서 "네가 떠나면 나가 물에 떨어졍 죽어불켜" 한 거라. 할 수 없이 작은아버지가 배에서 내렸어. 거기 세 사람은 일본 가서 살았지. 그것이 한 8월달쯤. 난 그때 치마 하나 입고 적삼 입고 달랑달랑 다닐 때야, 춥지 않았어. 우리 작은 아버진 여기 있었는데 심어다가 11월달에 죽여버린 거야. 할머니가 일본 가는 거 막지만 안 했어도 살았지. 그래서 나중에 죽여 먹었어.

그렇고 저렇고 하니까 할머니 할아버지가 얼마나 가슴을 쳤겠어. 우리 어머니도 속 아프고. 토산에서 죽었다 하면 외아들 남매만 있는 집, 형제 있는 집, 어떤 집은 손자 아들 하면 다섯 식구가 같이 죽고. 그때 나이가 그리되면 누구나 할 것 없이 죽었잖아.

목격한 것들…비석거리의 학살

그 당시 비석거리에서 한 70대 할머니도 돌아가셨는데 당시에 아들 어디 갔냐고 막 추궁당하더라고. 아무튼 죄인 아닌 아기들도 돌아가고. 맨 처음에 나를 막히게 한 건 색동저고리 입은 아이가 분명 내 앞으로 지나갔는데 어디로 간 줄도 모르고 어디 갔지? 어디 갔지? 한 거라. 거기 학살 현장으로 가는 줄도 생각 안 하고 어머니 있는 쪽만 바라보고 있었어. 근데 거기서 총소리가 나는 거라. 총소리가 왜 나지? 하는데 색동저고리 입은 아이가 막 튄 거라. 왜 튀었지? 생각하면서 지냈어.

우연히 바닷가에서 남자분이 낚시하는 총대로 뭐 하는 게 보여. 주왁주왁 내가 그리로 갔어. "고기가 무사 저리 튀엄수과?" 했어. 사람이나 짐승 고기나 심장이 멈추젠 하면 저러는 거라 했어. 아, 그때 그 아이도 심장이 멈추려니 탁탁 튀었던 건가. 그때까지는 이게 뭐지? 했지만 그 어른한테 그 얘기를 듣고는 그 의문이 풀린 거라.

물방아 옆집에 문씨란 분 살았어. 거기는 어떻게 내가 아냐면 옛날에 그 보리 하려면 기계 안 나올 때 그것을 물방아, 연자방아, 물고래라고도 하지. 물고래 옆집이야. 우리가 그 곡식 그거 장만할 때 물고래에 가서 놀면서 구경했어. 바로 그 옆집이 그분 집이라.

그분넨 토산에 아버지 어머니는 안 계시고, 할머니 할아버지하고 삼남매가 살았는데 누나가 제일 윈데 가시리 사람과 결혼했던 모양이라. 근데 가시리에서 어떤 좌익 활동해서 무엇과 연결돼 있는지 이 여자가 집에 없었던 거라. 여자가 도피했다고, 도피자 가족이라고 해서 할머니 할아버지 남동생 둘 희생당했어.

막 아흔 넘은 할아버지도 돌아가셨고.

서울 유학생 오빠의 행방불명

우리 오빠? 4·3공원 바깥에 비석들 세워진 데 오빠 이름 있어. 오빤 고등학교 일학년 땐가 그 모자를 쓰고 한번 집에 왔을 때 본 것이 끝! 아버지 돌아가시고 뒷 해 5월인가 편지가 왔어. 아버지 돌아가신 거 알고 "어머니 할아버지 동생들하고 어떻게 지내십니까? 나 내려갔다 오쿠다" 편지가 왔어. 다섯 장. 나한텐 한글로. 할아버지한테는 한자로 써 보냈어. 할아버지가 편지를 보다가 나한테 혹 건네주는 거라. 내게 쓴 편지야.

"남동생은 당시 네 살이니 재롱 많이 부리고 있지? 네가 보살펴주어라. 어머니 말 잘 듣고 할아버지 심부름 잘하고. 동생들도 잘 보살펴 주어라. 네가 잘해야 되겠다."

나한텐 언제 오겠다는 말은 안 하고, 할아버지한테는 "6월 20일쯤 출발해서 제주도에 가쿠다" 썼어. 아마 양력인 것 같아. 당시엔 양력을 썼으니까. 6월 20일 지나면 어찌어찌해서 제주도에 올 거 아닌가 난 그렇게 생각하고 있었어. 그런데 그때 전쟁이 났어. 오빠 소식은 듣지도 못했는데 6·25가 나버린 거라. 그러니 할아버지가 육지에서 오빠하고 같이 있었던 제주 분을 이리 저리해서 찾아갔어. 학교는 달라도 같은 고향 사람이라고 해서 할아버지가 만났어. "혹시

김옥자가 행방불명된 오빠 김성규의 표석 앞에서 참배하고 있다.

성규를 만난 적이 있냐?"고.

그 사람은 "성규는 며칠 날 출발해서 제주도에 가수다" 그러곤 자기는 나중에 왔다는 거야. 같은 학교 학생은 아니어서 일요일에 만나고 싶을 때 가끔 만나는 사이라는 거라. 그러니 여기 내려오는 날짜도 정확히 모르고. 우리 오빠와 잘 지내는 사람은 서울에 있다고. 그 친구분 주소도 알려줬어.

할아버진 제주에도 혹시 아는 사람 있으면 알아봐서 알려달라고 부탁을 했어. 제주에 와서 만난 사람이 있는지, 집에 가기 전에 무슨 일이 있었는지 알고 싶었던 거지. 그때 어릴 때지만 할아버지가 하는 말을 들어보면 제주도에 오빠가 틀림없이 왔다는 거라.

누구 만나서 내일은 집으로 간다고 하는 말은 들었다고 해. 그 '누구'라는 사람은 이름도 알고 학교도 아는데 그 사람 고향을 모르겠다고 하는 거야. 남제

4·3위패 봉안소 참배하고 난 후 김옥자 현성우 부부.

주군인지 북제주군인지 제주시 관내는 아니니까.

할아버지는 그 사람을 찾으려고 제주도 전체를 다 뒤졌어. 그래도 어디서 어떻게 죽었다는 말을 들을 수도 없었어. 봤다는 사람은 처음 만난 그 오빠 친구밖에 없고. 그러니 분명히 제주도에 오긴 왔는데. 우리한테 편지가 오고 또 이후에 6·25 전쟁이 터져버리니까. 제주도에서 어떤 일이 있었는지 알 수 없고, 그냥 행방불명.

내가 언젠가 단체로 저 모슬포에 간 적 있어. 거기 가보니까 한꺼번에 사람들 다 죽여버린 곳도 있더라고. 다니다가 그쪽으로 끌려가 버렸는가도 했어. 와서 봤다는 사람은 분명 있는데. 그때는 제주시에서 집으로 올 때도 산을 통과해서 왔다 갔다 할 때라. 그렇게 다니다가 혹시나 누구한테 잡혀서 죽었는지 모르지. 그러니 우리 할아버지와 어머니는 오빠가 배에서 내려서 버스비가 모자라니까 산으로 오다가 순경한테 잡혀 죽었는지 모르겠다고 한탄만 한 거라. 산에서 산사람한테 잡혀서 활동했다면, 아니면 산사람 편을 들었더라면 어디서 본 사람이라도 있었을텐데. 그래서 찾지 못한 게 아닌가 하는 거지.

우리 남편이 한번은 나하고 차를 타고 가면서 제주시에서 공부 할 때 얘기를 했어. 표선서 남조로 소로길로 해서 오는 길이 있더라고. 남편 말에 의하면 그 길로 늘 다녔다는 거야. 다니다 경찰관인지 학생인지 모르고 만나면 "너네 학생이냐. 공부들 잘해" 그렇게 말을 하면 그저 땀이 잘잘잘 나더라는 거라. 경찰관도 그 당시에 사복을 입고 다니기도 할 때야. 그러면 남편네는 무서워서 달달 떨며 다녔다고. "너 이리 와"할까 봐서. 혹시 그때도 그렇게 가다가 잡히거나 잡혀서 말 안 들어서 죽거나 한 건 아닌가 생각하지. 그 당시에 우리 친족도 아무도 없었잖아. 다 죽여버려서. 그때 친족들도 형제 죽은 집 아버지하고 아들 죽은 집 말할 수가 없었어.

어린 마음에도 세상이 뒤숭숭

그 시절, 어린 마음에도 뒤숭숭. 우리나라가 두 파로 갈라지는구나. 어떤 친구네 집에 갔을 때야. "이렇게 하다가 우리 쪽이 이김직 하다" "어? 너네 쪽이 어디냐? 좌익계야?" "우리 쪽이 이김직 하다" 그 말은 뜻도 못 듣고 난 모르고. 그쪽에 뭐 모여 앉아 하는 사람들이 말하는 걸 듣고 전한 거라. 아, 저러는구나. 조심해야 되겠다. 어떤 말도 조심했어. 가끔 만나긴 해도. "너네 아버진 어떵하고 있냐?"도 듣지 않고. 서로 눈치만 보고 그랬어. 그전부터 해방되니까 밭이 많은 사람도 한 사람 앞에 몇 평 밖에 이전 못한다. 남은 건 다른 사람 앞에 평등하게 나눠줘야 한다. 다 같이 평등한 세상 온다. 그런 얘기들이 돌아. 4·3책 읽어보니 그런 말도 나와. 그게 좌익계 아닌가 해. 그 시기 넘으니까 무슨 말? 우리집은 땅이 많으니까 남을텐데. 나중엔 사상이 틀린 사람들이어서 내가 그 말 들을 때는 청년도 아버지도 살아계신 때. 그러다가 어느 날 아버지가 부산서 내려오고 얼마 있다가 데려다 죽여불고. 청년도 이후엔 없고. 말할 사람 있나.

4·3이후 마차는 두 곳 뿐…예약 밭 농사

내 기억으로 그 당시 4·3이 끝난 후 토산에는 마차가 있는 집이 두 군데밖에 없었어. 돈이 있어도 마차를 쓸 시기가 되면 이미 예약이 다 꽉 차 있게 되는 거라. 며칠날은 누구 집, 며칠날은 누구 집. 동작이 뜨면(느리면) 참여를 할 수가 없어. 농사를 해서 곡식을 거둬야 우리가 살지. 증조할머니도 살아 계셨을 때라. 할머니 모시고 기일 제사하고 살림 꾸려야 했어. 그 사건이 나서 몇 개월 지나니까 나는 12살이 되었어. 열두 살짜리가 뭘 하겠어? 지금도 어린아인데. 키는 요만큼 아주 작은데 할 수 있는 게 뭐가 있겠어.

어머니 일을 돕는정도지. 어머니가 밭에 가면서 저녁때 오면 일하다 오신 분들 밥을 해드려야 되니까. 우영팟에 가서 나물 해다 씻어놓고. 보리쌀 한 번 끓여두면 어머니가 오시면 식사준비가 수월하지. 그런 심부름 밖에 잘 못했어.

할머니 하루 삼시 밥 해드리고. 열두시 되면 돗통(돼지우리)에 소 촐(여물) 주는 거야. 어머닌 밭농사뿐. 조금 있으니 절간 농협 상인서 몇 가마니. 집에 아무것도 없으니 제사를 지내려고 하면 쌀을 지고 오일장에 가서 팔아야 했어. 그것으로 생선을 사고 오지. 대부분 집마다 그렇게 어려운 시절이었어.

걸름 내고 소와 어머니와 나와 나눠 등짐 지고

마을에 밭을 갈 사람이 없어. 남자가 있어야 밭을 갈지. 우리도 남동생 하나는 있었지만 어렸잖아. 동생이 커서 밭 갈려면 한 10년 넘어 살아야 될 거니깐. 그 사이에 또 10년 돼 가니 경운기도 나오고 밭 가는 시대는 지나갔더라고.

그냥 그때 시절은 언제까지 그런 일을 했는지 몰라. 다른 데는 보리를 갈려면 보리 씨를 그냥 밭에 뿌리고 해서 보리를 간다 했어. 우리 동낸 어디까지 그런 농사를 짓는진 몰라도 소가 외양간에 소똥을 싸면 이걸 또 그 돼지 기르는 통들에 다 받아놔. 돼지가 밟으면서 돼지 오줌도 싸는 거라. 그러면 막 끈적끈적하게 만들잖아. 또 가을 쯤에 그걸 또 다 마당에 퍼내. 이제 소나 말로 이제 그걸 막 끈적끈적 그냥 이렇게 되게 밟는 거라.

보리씨 뿌리고 모아놔서 땅땅하게 해서 밭에 가져가는데 요만씩 맥(망텡이)에 담아 폴폴하게 해. 마차 있는 사람은 마차에 싣고. 없는 사람도 마차에 참여하게 되면 하루 할 것을 낮에까지만 해도 되는데, 마차도 참여 못하고 보리는 금방 싹 나고 하니까 나하고 어머니하고 그걸 이제 소에 두 개씩 싣는 거야. 어머니 하나 등에 지고 나 하나 지고. 지는 건 문제 아닌데 소 등에 지게 하는 게 문제야. 거기 놓아야 하는데 그게 힘들어. 내가 다 크지 않을 때니까. 그러면 어머니는 아래 팡(돌) 놓고 난 잇돌 위에 또 팡 놓고 해 올려놓는 거야.

보리씨 거름 안고 그 팡 위에 올라 소 위에 놓고. 어머님은 아래 팡 놔서 소 위에 두 망텡이 싣고. 우리 둘이가 하나씩 져서 가까운 밭에 하루 종일 날라가는 거라. 뒷날은 밭에 이거 뿌리고 보리 가는 거야. 그렇게 보리농사 지었어. 집집마다 18세로 40세까지 다 죽었잖아. 그러니 사람을 빌리지 못하는 거지. 우리뿐 아니고 다 그랬어.

어머닌 아무 말도 안 해. 나도 어머니한테 본 거 말 안 하고. 어머니는 나한테 말하는 거 보니까 어머니가 말하면 나도 어머니 따라가다 보았다고 그러면 말이 나올지도 모를 건데 어머니도 말 안 하고 일절. 그때부터 어머니는 아버지 대신 바깥일도 보고 친척일도 보러가고. 가장을 했고. 12살부터는 "저 밭에서 밭갈암시메(밭 갈고 있으니) 점심해가라"하고. 학교도 안 가고 그냥 그런 세월.

"삼촌, 내가 끓인 국에서 개냄새 났어요?"

어느 날은 어머니가 나한테 어느 밭에 보리 갈고 밭 갈고 있으니 점심 해서 가라고 하는 거야. 그래놓고 어머닌 볼일 보러 가버렸어. 밥은 어찌어찌 할 수 있었어. 근데 국은 무 썰어 넣고 가루 넣고 쪽파 해다가 썰어놓긴 했는데 다음에 아무것도 없는 거야. 아 이것만 있으면 어떡해. 이제 뭘 할까 하다가 무가 생각났어. 무를 채 썰어 소금 조금 버무려서 헹궈 두고 간장 쪽파 버무려 무에 얹었어. 아무튼 나도 좀 생각이 있긴 있었나봐. 깻가루 뿌리고 먹어보니까 아무 맛도 안 나는 거야. 참기름 좀 뿌릴까? 맛이 밍밍할 건데 참기름 조금 뿌려 먹어보니 안 뿌린 것보다 낫네. 아, 맞다. 풋고추도 넣고. 이젠 무를 나박나박 썰어서 물 넣었어. 그냥 물만 넣으니 좀 심심한 거라. 식초! 그땐 식초를 조금 넣고. 이제 밥하고 뭐 그런 거 저런 거 해서 지고 갔거든. 지고 가는 것도 일이야. 보시(접시)에 물김치 넣고 콕박세기를 보시 위에 덮어서 들고 갔어. 열세 살짜리가 점심을 하고 갔어. 거름 놓는 사람한테 말했어.

"점심 헹 와수다."
"아이고. 느가 밥 헹 가정와시냐(네가 밥 하고 갖고 왔냐). 착허다. 무채 김치, 나박 물김치, 영(이렇게) 어멍 해두고 가시냐?"
"나가 헤수다." "아이고야, 아이고 이 손으로 무 썰고 했구나. 너 기술자구나. 무채도 진짜로 어떻게 이렇게 잘 썰었냐."

이제 하는 말씀이 "무국은 개장국 닮구나. 이 물김치는 너무 시원해 좋다. 이건 뭐 난디(뭘 넣었니)?" 하는 거라. 난 개장국이 뭔지 모르지. 개가 들어가서 맛없다는 말인가. 아이고, 잘못했다고 하는구나. 바싹 미안하고 창피해서 얼굴만

달아오르는 거라. 하지 말걸 괜히 했구나하고 왔어

저녁에 어머니 한테 "나 오늘 점심해 갔는데 잘못헌 거 이수다" "뭐 해 갔냐?" "이렇게 이렇게 했는데 개장국 닮덴 협디다" 무 해서 김치하고 음식하고 해서 갔다는 얘기를 했어. 어머닌 "아이고, 고추도 썰어놓고? 잘한 거 닮다. 잘헷져. 아이고 난 그 생각도 못하고 일만 시켜두고 갔구나. 잘헷져. 잘헷져" 하는 거라.

나중에 그 삼촌 만났을 때 말했어. "삼촌! 국에 무사 개가 들어갑니까? 개 냄새 났어요?" 다 웃어. "맛 좋다고 헌 말인데. 옥자는 섭섭히 생각했구나" 그땐 친구네 집에서 나보다 세 살 위 여자가 하는 걸 본 적이 있어 따라 해본 거야. 경 허난(그러니깐) 살기 위해서 하는 거.

할아버지, 세 아들에 장손 잃고 홧병

할아버진 아들 셋에 장손까지 잃고 홧병으로 쓰러져버렸어. 어머닌 제정신에 살 수가 있었을까. 집집마다 죽으니까 살았지.

아무튼 그럭저럭 열두 살부터 난 마을 밖으로 가는 할아버지 심부름은 다 도맡아야 했어. 사실 열두 살 때까진 토산 울타리 밖에 나가보지 못했어. 딱 사람 해서 지키고. 열네 살쯤 되니 할아버지가 편지를 써주면서 표선엘 다녀 오라는 거라. 난 아버지 죽은 표선리는 절대 안 가겠다. 어린 마음에 결심했어. 아버지가 표선에서 죽었으니까. 또 하나는 총으로 일단 죽여놓고 움직거리는 건 다 찔렀으니까. 왜 그렇게 죽였는가. 생각나는데 어떻게 가는가. 그런데 할아버지가 가마리 갔다와라. 심부름 시키는 거라.

난 "그 마을을 모릅니다" 했어. 그랬더니 무슨 종이조각 해서 그림을 그리는 거라. 약도지. "토산 나가서 이렇게해서 그곳으로 가면 동산이 있고, 지나면 다리가 있고. 부슨 나무가 있다. 거기 지나시 이편 데로 들어가면 그 집이 나온다."

그 집 부엌 무뚱에 가서 독독하면 할머니가 나온다" 거기까지라.

하여튼 뭐 어쩌고 저쩌고 해서 그 집을 찾아갔어. 부엌 무뚱(문앞)에 가서 독독했어. 정말 할머니가 나와.

"이거 직접 할아버지 드려야 하는데."
"내가 꼭 주마. 너 이름은 뭐니?"
"김옥자!"
"일본 말로는 뭐니?"
"가네모토 다마짱!"
"알았져. 꼭 주마. 알았져."

내 손으로 꼭 드려야 한다고 말을 해도 할머니가 그냥 편질 들고 가는 거라. 집에 와서 할아버지한테 "무슨 편지꽈?" 물었어. 그제야 할아버지가 "너네 어머니가 큰할머니 소상 때 먹으려고 술을 해놨는데 그걸 면에서 왕 조사 했져. 벌금을 낼 건데 술공장 하르방한테 편지를 쓴 거여. 그 술 벌금 내게 하지 말고 먹게 해달라"고. 그래서 그 소상이 돌아오니 술 이게 해놓은 거, 고소리로 닦아서 소주 만들어 소상 해서 먹었어.

그다음에 어머니한테 물었어. "어머니, 저 술 해놓은 거 면 직원들만 조사해서 갔는데 벌금 나와수과?" "안 나왔져. 할아버지가 너한테 편지 써 보냈다고 하더라" 근데 거기 한 번 갔다 온 후에는 내가 팔도강산 다 편지 갖고 가는 거라. 뭘 가져가라 하든가 갖고 오라하든가. 심부름을 제대로 한번 하니까 이젠 먼 길도 가라하고. 가까운 데도 가라 하고.

"할아버지, 오늘은 눈도 많이 오고 사촌 오빠도 있수게" 그 오빠가 나보다 네 살 위였어. "심부름은 아무나 하는 줄 아냐. 하나 말하면 세 개는 처리해 놔야지" 말이 딱 그거야.

난 어머니한테 와서 할아버진 왜 꼭 나만 심부름을 시키는지 모르겠다고 공당거려. 어머닌 "할아버지가 시키면 해야 한다" 그뿐이라. 난 오빠도 있고 언니도 있고 사촌들 있는데 왜 나만 그 먼 데까지 심부름 시킬냐고 한 거지. 그래도 할아버진 "심부름은 아무나 하는 줄 아냐" 한마디로 잘라버리는 거야.

"심부름은 아무나 하냐" 한마디에 '심부름 소녀'

다음엔 수망리를 갔다 오라. 저 신흥리로 여우내로 해서 죽 가면 길이 다 방애 붙어버리니 사람 보이는 쪽은 다 보인다. 그 길 따라가면 부락은 이렇게 굴헝져 있고 너가 갈 곳은 동산이여. 굴헝진 곳으로 보면 길이 있어. 그 길 따라가면 어떤 집은 어욱(띠)으로 지붕을 인 데 있고 어떤 집은 새(띠)로 뜸 닮은 거 찬 데 있다. 너가 찾아갈 집은 어욱으로 돌아맨 집이니 거길 찾아가라는 거라. 돈 찾아오라는 거였어.

할아버지 친족분이 수망리에서 소를 키우려니 소값이 없었어. "돈이 없으니 할아버지가 보증해서 소를 하나 외상해주면 봄 되면 소를 키워서 소값을 가져오쿠다" 했는데 가져오지도 않고 돈을 가지러 오시라고 한 거라.

난 돈 갖고 오는 게 무서웠어. 추운 때니 머리에 수건해서 묶고 갔는데 그 집 할머니가 "돈을 세야한다. 돈을 세라"는 거라. 난 계속 돈을 세는데 할아버지가 말만 시키는 거라. "어머닌 뭐하냐?" 자꾸 말을 시키는 거야. 안되겠다. 머리론 세고 할아버지 말하는 건 대답해야겠다. "돈 맞암수다. 종이 줍서. 돈 싸야 하니까" 가방도 없으니 비료 종이에 쌌어. 그걸 또 머리에 쓴 머플러를 풀어서 끝냉이를 묶은 다음 잭보처럼 허리에 묶고 나온 거지. 수망리로 신흥리까지

벌판이야. 앞으로 한 번, 뒤로 한 번 보며 뛰는 거라. 사람이 안 보이면 뛰고, 보이면 걷고. 그날 할아버지한테 말했어. "어디서 무서운 사람 올지 모르니 다신 이런 심부름은 시키지 맙서."

할머니 대상이 왔어. 숯을 맞춰놨으니 숯을 등에 지고 오라는 거라. 등짐 질 때 목놓아 울고 싶었어. 무거워서. "심부름은 아무나 하냐!"는 말씀에 숯 정(지고) 오고, 추운 계절이니 방마다 숯불을 피워야 해서. 할아버지가 밖에 나다니고 싶어하지 안하니까.

마을 회의, 할아버지 대신 참석해야 했어

할아버진 나 요만한 때부터 마을에서 상회 보는 날이면 대신 가라 했어. 그래서 상회 가게 됐지. 난 상회 가서 그런 거, 저런 거 보면서 부락의 일을 처리하려면 저렇게 하는구나 하는걸 일찍 알게 됐어. 회의 갈 때도 "큰년 갔다오라. 누가 무슨 말하는 것 골라(말하라)." 반 회도 "큰년 가라. 곧는 거 다 왕 말해라.(말하는 거 다 와서 말해라) 어느 어른은 뭐라 하고."

나도 처음은 향사에서 회의를 하니 저만치 뒤에 앉았어. 아는 사람인데 물어. "넌 누구냐?" "나우다(납니다)." "뭐 하러 왔냐" "할아버지가 무슨 말 하는지 들엉 오라 헷수다."

갔다 온 날은 내가 다 중계방송. 어떤 말은 이장, 어떤 말은 구장, 누구는 앞에서 무슨 말을 했고, 그때 누가 손들고 이런 말을 헷수다 전해. 동네사람 다 아니까. 할아버지가 이제 반년 되니 또 상회 가라고 하는 거라. 할머닌 할아버지한테 나를 가지 못하게 하는 거라.

"상듸에(상회에) 갔다온 지집아인 시집도 못 간다 하는데 커 오는 여자아이를 상회 보레 가게 헴수과."

"그 시댄 지났다. 큰년아, 저번처럼 참석하고 와라."

딱 잘라 말했어. "우리집 제사하고 다른집 제사도 꼭 같으니 세금도 꼭 같다. 그러니 잘 듣고 와라. 네 의견에 맞지 않으면 손들고 대답도 해라." 네 번째는 마을 안에서 이정세. 마을 안에 내는 세금. 이정세라 해서 마을에서 이장집에 심부름하는 사람들도 돈 주고 하는 거지. 누구넨 얼마, 누구넨 얼마 하는데 같은 조건 가진 삼촌네 보다 우리가 많아. 내가 손들었어.

"넌 뭐냐?" "어느 삼촌네 하고 어느 삼촌네 하고 우리하고 재산 등급이 같다는데 우리가 무사 하우꽈(왜 많습니까)?" "이건 소득세란 거다. 너네 식구가 먹고 남은 것에서 세금을 내는 거다. 알겠냐?" "네! 그러면 우리는 우리대로 농사 못 짓고 삼촌들이 반 갈라준 걸로 해서 생활하고. 삼촌넨 삼촌네대로 하니까 소득이 많은데 삼촌넨 적게 내고 우린 하영 내는 게 내 생각엔 좀 안 맞수다" 했어. 그러니 상회보는 사람이 말하는 거라. 여자 차별하는 말을 거기서 처음 들은 거라.

"너 그거 따지려면 남자로 나서 공부하지 뭐 여자로 났냐."

"처음 태어날 때 내가 여자로 태어나겠다고 했습니까. 정말 미운 삼촌들이다 예."

옆에 남자 어른이 "울지말라, 울지말라"하고. 내가 거기서 막 울다가 고개 들어서 말해버린 거라. 집에 와서 할아버지한테 울면서 다시 안가겠다고 말했어. 할아버지가 "한 몇 번만 다녀라. 남사 동생이 커가고 있다" 히는 거야. 안그래

1957년 신부 김옥자와 신랑 현성우의 결혼식.

도 난 동생 초등학교 졸업하면 내가 몇 살이 될까 계산을 하고 있었어.

할아버진 그때 상회하는데 가서 젊은 사람들하고 말 주고 받고 할 그런 마음이 어디 있겠어. 아들들 다 죽어 어깨가 처질 정도로 기가 죽었는데. 그 사람들하고 말하다가 "아, 그렇습니까" 하면 몰라도 건 대답이라도 하면 속 아파서 살아질 건가. 그러니 나 요만한 때부터 상회 가게 됐지. 그런 거 저런 거 보면서 내가 부락의 일을 처리하려면 저렇게 하는구나 하는 걸 일찍 알게 됐어.

할아버진 우리 집 바로 옆에 살았어. 할아버진 초저녁에 동네 한바퀴 돌고 오는 거야. 캄캄한 밤이라도 한 열두시 되면 돌고 새벽에 돌고 방에 들어가는 거야. 안거린 우리가 살고. 바로 옆에 또 숙모가 살고. 다 남편 잃은 며느리들이었잖아. 내 생각에도 그때 며느리들 지키느라 그러는구나 생각이 들었지. 나도 커가고 할 때니까. 평생 그렇게 살았어. 동네사람들도 다 알았지.

학교 가고 싶어 서서 우는 아이

공부? 아이고, 미칠 정도로 공부 욕구가 컸어. 미칠 정도로. 그러니까 여덟 살 되는 1945년도에 초등학교 입학해서 여름방학 때는 해방되니까 놀고. 또 이제 46년 지나 한글학교를 시작한 거라. 학년 올라가서 1948년도에 4학년이라. 그 교과서 다 타놓고 선생님한테 교과서 설명 한 번도 못 들어보고 그걸로 끝! 한글은 나냥으로(나대로) 그냥 해도 돼.

그렇게 학교 가고 싶었어. 학교 가는 시간만 되면 서서 우는 게 일이라. 그때는 애기들 많을 때잖아. 골목마다 수북수북 학교 가려고 아이들이 다 나와. 그러면 할아버지는 "큰년아" 불러. 또 무슨 심부름 시키려 하는구나. 더디 나오면 욕 먹을까봐 몰래 영영 눈물 닦으며 나오는 거라. 힐아비지기 말헤.

"난 느가(네가) 우는 이유는 알아진다. 근디 느가 학교 가버리면 느네 어멍은 어떤 사느니. 느네 어멍 할 일은 느가 해야주. 족은년은 학교가도 넌 학교 못 간다. 넌 한글은 해독하지 않냐? 한글만 잘 알아도 좋다. 옛날 느네 할망네 시댄 일자도 몰라도 지금까지 살암시녜(살고 있네). 넌 학교 못 간다."

아이고, 정말 지금보다 더 할 정도로 그땐 공부 하고 싶었어. '야학하는 마을에 가서 애기 돌보고 낮에 일하고, 밤엔 공부해야지' 생각까지 했어. 근데 그때 되니까 어머니가 많이 아파버렸어. 동생은 어리고 어머닌 아프잖아. 내가 자유로 도망갈 수가 없는 거라.

한 열다섯쯤 되어가니 양재 학원, 무슨 미용학원, 제주시에서 배운다 하면서 갔다 오는 아이들도 있어. 나도 배우고 싶다고 하면 할아버진 그것도 못하게 해. 내가 집을 비우면 집안이 안 돌아간다는 거라. 할아버진 "절대 어디 가지 말라. 절대 못 간다. 가지 말라. 가면 할아버지가 뒷날은 당장 가서 데려온다" 하는 거야.

그래서 꿈은 한 번도 펼쳐보지 못했어. 말괄량이로 커서 자유로 나가서 하면 될 것인데 왜 내가 어머니 생각만 하면서 뛰쳐나오지 못했지? 하는 마음이 드는 거라.

나홀로 한자 공부…검질메다 고지서 한자 써보고

그다음엔 집에서라도 공불해야겠다. 동네 사람이 고지서 가져오면 할아버지한테 얼만지 봐달라고 하는 거라. "이거 할아버지 오시면 얼만지 알아봐도렌 합디다" "이거 얼마여" 그때부터 혼자 한자 공불 하기 시작했어.

이게 얼마니 얼마구나. 머리에 쓰면서 외우는 거라. 그러면 검질메러 가서

김옥자부부 결혼식 후 기념촬영.

흙에다가 고지서에서 본 걸 한 번 써보는 거야. 그때 본 거 이 글자가 맞지? 하는 거지.

한 열일곱, 열여섯 살쯤 된 때라. 할아버지 한자책을 몰래 갖다 놓고 한자 공부하느라 했어. 우리 작은아버지하고 오빠네 초등학교 후배분 두 분 있었어. 그분들은 항상 내가 밤에 놀러가는 거 보이면 "어디 가냐? 늦게 있지 마라" 하는 거라. 그때 아마도 날 살펴주느라 한 거지.

한번은 그분들이 할아버지를 만나자 인사를 했어. "너희들 뭐니?" "할아버지, 옥자 한자 공부하니깐 그거 봄수다." "뭔 한자?" 한문책 확 보더니 "너 몰래 가져왔구나" 완전 들켜버렸어. 그러니 그 오빠 후배가 할아버지한테 가서 "할아버지. 다마짱 아깝지 안허꽈? 지금이라도 공부하게 내보내줍서" 했어. 할아버지가 영(이렇게) 말하는 거라.

"가인(걔는) 어디 내보내면 어디로 튈지 모르는 아이여. 그럭저럭 두 해 심어 있다가 시집 보내야주. 어디 강 소문나면 어떵허냐."

오빠 후배분은 나한테 "꿈꿔도 안되켜. 한자 공부 다섯 개씩 외워라. 농번기 2년 하면 충분히 배울 수 있다"는 거라. 해보니까 하루 다섯 개는 아무것도 아니라. 한 몇 번 쓰면 외워 써지는 거라. 그것 끝나서 결혼해 몇 년 되니 다 잊어버렸어.

할아버진 내가 붉은 끝동 단 저고리도 못 입게 하고, 빨간 양말도 못 신게 했어. 이쁘게하고 놀러갔다오면 "어디 갔다 왔냐? 내가 다 봤다. 고운 저고리 갖고 와 봐라" 갖고 가면 압수. "느가(네가) 아무 일 없이 잘 커야 어린 것들이 너 본 따라 잘 클 거 아니냐" 하는 거라. 근데 사촌언니는 제외. 나만 안된다는 거라. 다신 빨간 옷 구경도 못하게 해. 그옷 어떻게 되었는진 몰라. 나한테 말할 땐 "심방처럼 야한 거 입지 말라. 빨간 양말 신는 것도 안된다." 절대 눈에 띈 건 입지 못하게 했어. 날 누르는 거야.

야학에선 말괄량이

우리 친구는 학교도 안 가본 아이들 한 다섯쯤 있었어, 야학도 못 갔지. 밭일하고 와서 저녁 먹고 설거지하고, 그땐 아침도 안 먹고 저녁도 안 먹고. 쌀이 없으니. 그러니 집에 와서 밥을 드시라고 하면 막 좋아해. 그렇게 먹고 설거지 다 하고 이제 시간을 짐작하지. 시계가 있는가.

가서 보면 아이들이 두리두리 모여 앉아 눈만 꼼막꼼막, 그냥 우리 또래 아이들도 그렇게 하더라. 눈만 말똥말똥. 야학에서 우스운 일도 있었어. 한번은 가르쳐주는 사람이 어제 연필을 잃어버렸는데 범인을 찾는다는 거야. "여기 그릇에 잉크 떨어뜨려 놓았으니까 연필 가져간 사람은 건드리지 마." 그러니 누가 거기 손을 넣습니까.

내가 장난삼아 나섰어. "내가 가져갔다. 한번 해보자" 착! 그릇에 손을 담았어. 아무 것도 없잖아. 그땐 가르쳐 주는 사람이나 배우는 사람이나 나이는 같았어. "야, 나 가져갔는데 아무것도 없잖아. 너 이런 짓 또 할래?" 가르쳐주는 아이가 "야, 너 뭐 하러 왔냐" "나도 공부 하러 왔다" 그러니 아무 말도 못 하는 거라.

또 한번은 같은 장난을 치는 거라. 이번에도 내가 먼저 손을 담았지.

"여기 그릇에 개구리 들어갔다. 연필 가져간 사람은 개구리 문다."
"좋아 개구리? 개구리 문 건 아프지도 않아. 뱀이면 하지만."
"야 너네 속지마라. 뭔 놈의 개구리가 있냐? 진짜 답답도 하다."

가르쳐주는 아이들이 고맙긴 한데 그 아이들 앞에 나 미움받았지. 장난끼도 있었거든. 그땐 야학을 해서 아이들 공부시키자고 하는 바람이 있었던 건지 아무튼 중고등학생들이 선생을 했어.

물질하고 계란 장사하고

어머니가 45세 때부터 내가 물질을 했나? 그랬어. 어머닌 물질하지 않았어. 난 열다섯부터 친구들하고 소라 전복도 잡고 작살해서 고기도 쏘았어. 바다가 앞마당이니까. 주로 미역을 할 때라. 결혼해서 세화리 가서도 3년은 미역했어. 그땐 미역이 돈이었으니까.

난 어릴 때부터 경제관념이 있었던 모양이라. 결혼 전에는 계란 장사도 했어. 오일장 가서 팔았어. 동네 할머니들한테 계란을 샀지.

"할머니, 계란 팝서. 저 사람네보다 더 많이 드릴 거니까 나한테 팝서."

오일장이 되면 열 개, 열다섯 개해서 다음 오일장에 가서 팔고. 서귀포 가서 바구니에 모멀채(메밀채) 깔아 계란 넣고 시내버스에 타면 손님 많을 땐 "여기 깨질 거 놔수다. 앉지 맙서예"하면 사람들도 속솜.

또 어느날은 동네 어머니가 이런 말을 하는거라. "아들이 제주대학생인데 밭에 농사 지어서 8월 감자 파다 팔앙 등록금 낼 거다" "그럼 8월에 고구마 파젠허면 언제 이식해서 팜수과(파냅니까)?" "모종 놓을 때 요렇게 삽만큼 땅을 깊게 파서 그 위에 거름 흙 덮고 또 감자씨 놓고, 또 흙 덮고, 그 위에 노람지 덮어. 감자씨 놓은 데는 물 못 들어가게 해야해. 그렇게 해야 싹이 빨리 크니까. 어느 때 되면 이식 해서 8월 되면 고구마가 막 큰다" 그러면 팔러 간다는 거지. 또 무 갈아서 그걸 뽑아서 팔고. 대학생 아들이 그렇게 해서 등록금 내고 학교 한다는 거라. 어머니한테 우리도 저렇게 해보자고 했어. 어머니 한다는 말씀이,

"어떻게 하냐. 난 땅 팔 힘도 없다."
"내가 허쿠다 내가 허쿠다."

그때가 열여섯 살. 열세 살부터 농로 닦으러 가려면 삽질을 배워야 했어. 할아버지들이 "저것도 사람이렌 보냈냐. 부잣집 딸이 밥이라도 하영 먹고 다니지. 허리는 개미허리 마냥해서 뭐하러 왔냐" 하는 거야. 그래도 어쩔거라. 어른들이 태(잔디) 갖고 오라하면 심부름 하고. 그러다가 내 또래 중학생이 삽 갖고 와서 일하다가 쉬고 있는 거라. 호미로 잘라놔서 그 위로 삽질 허

는 거라. 내가 반갑기도 해서 말을 걸었어. "야 너도 삽질하는구나. 나도 해 보자" 태를 호미로 잘라보니까 할 수 있는 거라. 이젠 됐다 싶었어. "넌 돌 주워라. 난 삽질 할게. 어른들이 아이가 왔다고 막 야단 허니까 나도 삽질 하는 거 배워야 해."

그 아이는 돌 줍고 난 삽질하고. 내가 그랬어. "저기 어른들한테 가서 다마짱 삽질한다고 해라" 그랬더니 "다마짱이 삽 빼앗안(빼았고) 태 갈암수다(갈고 있어요)" 말해버린 거라. 그럭저럭 어머니한테 군소리 듣지 않으려면 잘 해야 되겠다 생각이 들었어. 하여튼 내가 어려서부터 좀 별나게 군 건 맞는 것 같아.

바당도 가고 밝으면 밭. 물 때 되면 바당

물질은 누구한테 배운 것도 아니야. 바닷물이 쫙 빠지면 갯가 위로 나온 돌이 있어. 여기서 줄락해서 저기까지 가. 그러다 보니 수영이 되는 거야. 다음에 열여섯쯤 되니 테왁 망사리 해줍센 해서 소라 전복 하고. 어머닌 그러다 보니 호미 만드는 동네 사람한테 전복 떼는 빗창도 해다 줬어.

밭에 갔다 오다 보면 바당이 기름장처럼 잔잔해. 여동생은 학교 갔다 와서 올레서 방치기(사방치기) 하면서 놀아. "넌 보리쌀 불 삶앙 놔둬라. 궤면(끓으면) 두껑 덮엉 놔두고. 난 저녁 반찬하고 올게" 작살인가 소살인가 들고 나가. 나가서 고기 두어 개, 우럭이나 북바리 잡고 온 날은 국 끓여 먹고. 무슨 느쟁이나 잡고기 한땐 반찬 해 먹고.

열아홉에 "결혼해라"…버티다 한 결혼식날 기절도
지극한 시아버지 사랑에 4남매 쑥쑥

한번은 바다에 갔다 왔더니 마당에 이불같은 걸 쌓아논 서라. 깜짝 놀랐지.

보니 날 시집 보낸다는 거라. 열아홉에 세화리서 중매가 온 거야. 그때부턴 어머니하고 싸우기 시작했어. "시집 보낸다면 도망 가버리쿠다" 근데 나까지 쑥대기면(힘들게하면) 할아버지가 견뎌낼까 생각이 든 거라.

그때 할아버지가 날 앉혀놓고 이해하라고 심정을 얘기해. 솔직한 마음을. 사실 스무 살에 결혼은 했는데 생일을 생각하면 열여덟 밖에 안 될 때야. 난 할아버지 마음 따라서 얼굴도 한번 안 본 신랑한테 버티다 가게 됐어,

아고, 그러니 결혼식 이틀 전부터 밥 한 숟갈도 못 먹어. 막상 결혼식 날 되니 어질어질하는 거라, 축사 읽는 사람은 왜 그리 많은지 셋까진 정신 바싹. 다섯 번째 축사가 되니까 그냥 쓰러져버린 거야. 그러니 시할아비지가 우리 아버지가 나한테 의탁했는가(빙의)해서 큰소리 치는 거라.

아이고, 조금만 정신 차렸으면 내가 밥 안 먹어서 그렇다고 말할 것을. 잠깐 엎드렸다가 일어서서 겨우 식을 끝내고 시집에 갔어. 화물차에 탔어. 가보니 오막살이라. 우리집 방 한 쪽만한 방. 거기 가서 내가 뭘 보고 여기 왔지? 처음 본 신랑은 보니 웬지 믿음이 안갔고.

알고 보니 시아버지(현응숙)가 어릴 때부터 날 찍은 거야. 아버지 돌아가신 후 할아버지 있으니 면사무소 일 보고 갈 때마다 내가 인사했던 분. "재떨이 가져오라. 술 받아오라" 하면 김치 있을 땐 김치, 채소 데운 거 있을 땐 채소, 술 받아오라하면 술상에 잔 놓고. 뭘 놓고 가지? 우영팟에 생배추 생각나서 그거 잘 다듬어 된장 놓고 가는 거야. 두 분이 "거 좋다. 아주 좋은 거여" 안주로 해서 먹는 거라. 아무 것도 없으니까. 가서 보니까 그분이 시아버지. 시집에서 맘에 든 사람은 시아버지 뿐. 내게 말하려면 빙삭 웃고. 시아버지가 학교 서무과에 다녔어. 나중에 초대 표선면장 했던 분이야. 신랑은 대학생이었는데 공부를 하고 다니는지 어떤지 모르지. 책도 안 보이고. 아무튼 인물은 좋다고들

1970년대 가족사진.

했어.

　우리 친정 할아버진 4·3 지나고 10년 살고 돌아가셨어. 속만 끓다가 간 거야. 그때 할아버지 나이가 쉰아홉, 4·3만 아니었으면 우리 할아버지도 그리 빨리 돌아가시진 않았겠지. 할머니는 조금 더 살았어.

어린 딸한테 의지한 나의 어머니

　우리 어머닌 나한테 많이 의지했던 것 같아. 결혼 한 후에도 가보면 어머니 혼자 밭에 검질메러 갈 땐 점심도 갖고 가기 싫어서 혼자 가서 일하다가 지치면 그냥 오고 그랬어.

　우리 어머니 서른일곱에 4·3사건 만나 오십에 돌아기셨어. 우리한테 말하면

큰아들 대학교 졸업기념 가족사진. 맨 앞 줄 김옥자와 남편 현성우 씨. 뒷줄 왼쪽부터 딸 기정, 둘째 아들 길학, 큰아들 기학, 막내 아들 상학.

나도 같이 울 거라 생각해서 절대 속엣말 하지 않고 밭에만 갔어. 어머닌 원래 몸이 약해. 우리가 있어서 아파도 눕지도 못했지. 아파도 몸을 움직거려야만 했으니까. 어머닌 속으로 삭였어.

  화장실 가려고 잠자다 깨어보면 어머닌 한숨만 쉬고 뒤척이고 있어. 밝으면 밭에 가는 거라고 가고. 남의 어머니처럼 술도 먹고 놀 땐 놀고 그러면 조금 풀 수도 있었을텐데 우리 어머니 그것도 없었어. 속으로만 우는 성격이었어. 할머니 할아버지도 속 아파도 어디 가서 말할 데가 없잖아. 표현하면 할아버지가 속상할 테니 모든 걸 꾹 참아서 살았지. 할머니는 호쎌하면 대성통곡이라. 친척이랑 말하다가도 대성통곡. 그러면 나는 우리 할머니는 왜 저렇게 대성통곡이지? 했어. 어머닌 속으로 울고 속으로 삼키고 살다보니 콩팥 나쁜 병도 생겼는지 모르지.

내가 15살 때야. 집은 바닷가고 저만큼 동산을 올라야 들에 갈 수 있었어. 어머닌 "아고, 나가 저 동산을 올라가려면 숨 바빠서 못 살키여" 그런 말을 자주 했어. 그때 벌써 아팠어. 얼굴이 자꾸 붓는 거라. 동네 침바치한테 맥을 짚었어. 그래도 소곱(속)에 병 있다 해도 농(염증)은 없으니까 어디 제주시나 서귀포까지 갈 수 있었나 몰라.

　병원에 갈 수도 없었어. 세월은 흘러서 내가 결혼한 다음에 어머닌 더 병이 깊었어. 연락받고 집에 와 보니 얼굴이 막 부어 있어. 신효마을에 피란 온 의사가 병 잘 본다고 가보라고 해서 어머니를 모시고 갔어. 콩팥이 나빠서 그런다고. 그래도 의사가 먹으라고 한 것만 잘 먹으면 고칠 수 있다고 하는 거라.

　돼지고기도 먹지 말고, 생선도 먹지 말고, 장도 먹지 말라는 거야. 아플 때 고기만 먹고 싶어도 먹을 수는 없고. 어머닌 밖에서 "생선 삽서, 생선 삽서" 하는 소리가 들리면, "저것만 먹어져시면 걸어질 것 같은데" 하는 거라.

　생선 사서 한그릇 국 끓여 드시라고 했어. 너무나 맛있게 잡숫는 거야. 저녁엔 이만큼 붓고. 의사는 먹지 말라는 걸 먹어서 그런다 하고. 치료 과정에 악화가 된 거라. 모르면 할 수가 없는 거야. 그다음부터라도 잘 지켰으면 됐을텐데 그렇지 못했어. 어머니 친구분들이 와서 굿하라고 숙모한테도 그러고. 할머니한테도 그러고. 동생은 나한테 할 말이 있다고. 사람들이 굿하라고 한다는 거라.

　나도 굿하는 건 좋아하지 않았어. 할머니한테 "굿을 하면 좋습니까?" 했어. 옛날엔 아파서 낫지 않으면 굿 많이 했다고 하는 거라. 돈 아끼지 말고 굿도 하고 병원에도 가고 그렇게 하라는 거라. 굿을 하려니 돼지를 잡았어. 그 삶은 고길 보니까 어머니가 먹고 싶다고 하는 거라. 먹으면 안 된다고 했어. 어머니 친구분들이 그러는 거라. "먹고 싶다고 하면 드려라 죽는 사람도 먹고 싶다고 하면 주는 건데" 할 수 없이 드리니 팍 악화가 되어버린 거라.
 처음엔 어머니 스스로 병원 갔는데 나중엔 업어서 갔어. 버스 정류장까지 업고 가고. 내려서 또 업고 가는 거라. 병원장한테 살려줄 수 있냐고 하니까 당신이 지시한 대로만 하면 병이 흔적 없이 나을 수 있다고 하는 거라. 난 어머니를 보살펴야 했어.
 큰아들(기학)은 아기 때였어. 시아버지가 장손을 그리 사랑했어. 시집에 가서 애기 두고 어머니한테 왔어. 아무튼 어머닌 입 금기를 못해서 빨리 돌아가신 거라. 고생을 하여도 더 살 수 있었을 건데. 어머닌 나만 결혼하는 거 보고 동생 결혼하는 것도 못 보고 1년 후에 돌아가셨어.
 동생들? 어머니 돌아가신 후에는 동생들만 살있어. 집에 남겨신 남동생하고 여동생은 숙모도 앞집에 살고 할머니 할아버지 옆집에 사니까 의지해서 밥 해먹고 살았어. 동생들하고 아버지 어머니 얘기, 이런 옛말은 안 해봤어. 너무 다 서로 상처가 되니까. 형제간도 그때 말만 하려면 목 맥히잖아. 그래도 남동생은 육지 가서 살고 여동생은 저 남원 쪽에 살고. 이젠 다 잘 살고 있어.

3남1녀 학업 생활비 "21일 입금" 약속 지켜

 결혼하고 부터 정말 말할 수 없는 일들이 흘러갔어. 재산도 없고, 일정한 수입은 없고. 여전히 일하지 않고는 살 수가 없었지. 그래도 아들 셋, 딸 하나를 두게 됐어. 아이들은 모두 착하게, 스스로 자라는 거라. 그러다 보니 아이들이 어떻게 학교를 다니는지 신경을 쓸 수가 없었어. 다들 학교 잘 다닌다고만 생각했으니까.
 내가 하고 싶은 공부를 못해서 구박받았기에 난 능력에 맞게 공부시켜주고 싶었어. 남편은 81년 표선면장 발령받고 3년만 하고 그만둔다 했는데 더 하다

보니. 88년 반까지 했어. 남편은 바깥에선 그렇게 좋은 사람이야.

7, 80년대초 아이들이 학교 조회할 때 폭폭 쓰러지는 거라. 어느날은 아이 둘 학교서 병원 데려가니 "영양실조우다" "밥 굶진 안햄신디예" "고기 좀 먹입서"

난 밥만 먹으면 되는 줄 알았지. 영양실조라니! 아뜩한 거라. 정신이 바싹 났어. 내가 이 아이들 에민가. 그날로 고기 사다가 먹이는데 눈물이 나는 거라.

큰아들 중3 되니까 아들을 불렀어. "내가 아무리 노력해도 너

김옥자 부부가 증손자를 안고.

네 어멍 자릴 못 지키켜" 아들이 확 일어나서 무릎 꿇고 하는 말이 "어머니, 나 크민 잘 허쿠다. 제발 가지만 맙서. 아버지 믿지 말앙 우리 옆에만 있어줍서" 내가 눈물이 수딱(가득)하고 목이 메어서 아이 앞에 얼굴을 내밀지 못하겠는 거라. "알았져. 미안하다. 너한테 이런 말 해서. 아버지만 믿고 살지 말고 네가 책임져서 잘 못 하는 거 있으면 동생들도 대신 타일러 주고 하라" "나 크민 잘 허쿠다. 잘허쿠다" 해서 살았어.

큰아들 대학교 입학하고 방 빌리고 자취하는데 난 아들한테 말했어.

"먹는 거, 등록금 다 계산해서 주라. 딱 21일 날 생활비 보내마. 왜 그날이냐면 네 아버지가 봉급 탔을 때는 줄지 모르니까 그래시 21일 날이다. 그리 알아

김옥자와 큰며느리(왼쪽) 그리고 딸.

라. 다음 21일까지 써서 모자라면 더 보내마. 헛되게 쓰지는 마라" 그때부터 딱 21일 날엔 무슨 일이 있어도 아이들과 약속을 지켰어. 나하고 스스로 약속한 건 지켜야 된다고 생각했어. 혹시 아이들이 어제까지 생활비를 다 써서 오늘은 굶어서 학교 갈까봐서도 그랬고.

21일 은행 문 열면 첫 번째 손님으로 갔어. 그 약속 지키려고. 그러니 시아버지 물려준 밭이며 서귀포에 장만한 감귤 농사까지 참 부지런히 움직여야 했어.

내가 모범을 보여야 아이들도 따라온다 생각한 거뿐. 나도 정확하게 생활비 보낼테니 너희들도 그 보낸 돈으로 30일간 살아봐라. 모자라면 편지해라. 그 날짜 한 번도 어김없이 약속 지켰어. 그럴려니 죽을 힘을 다 했어.

세화리서 서귀포로, 제주시로, 서울로 아이들 넷 다 그렇게 공부 마쳤어. 서울서 대학 다닐 땐 옥탑방에 살면서도 그걸 부모한테 안 보여주려고 애를 쓰던 아이들이라. 다들 고맙고, 지금도 너무 잘해. 다 결혼하고 자식들 둔 아이들이 지금도 그 21일 생활비 들어오던 날 말들을 하곤 하지.

아, 세월이 그렇게 흘러버렸어. 아이들이 엄마 하는 거 보면서 참았을 거야. 한번은 큰아들이 냉동실에 아이스크림 가득 담아놓는 거라. "어머니 이거 한 번도 사다놓고 먹어보지 않았잖아요" 큰아들은 말할 수 없는 효자. 남편은 우리 아버지처럼 딸을 유난히 아꼈어. 그래도 이리 좋은 세상 말년에 병으로 고생하다 세상 먼저 떠버렸어.

수술 전날 꿈에 오신 아버지 어머니

한번은 돌아가신 아버지 어머니를 만났어. 1996년. 내가 60대에 갑상선암에 걸렸어. 자꾸 목소리가 쉬어서 왜 이러지? 왜 목이 쉬지? 하다가 그제야 동네 병원 갔어. 초음파 딱 검사하더니만 갑상선암이고 암덩어리가 두 개고 혹도 두 개 있다고 막 그러는 거라.

이젠 수술하러 서울 병원 가기 전날 꿈을 꾼 거야. 어릴 때 아버지 어머니하고 친정집에 있었던 것처럼 나는 텃밭에서 이렇게 뭐 장난하고 놀고 있었어. 그때 아버지가 들어오면서 말은 안 하고 방으로 들어가는 거야. 나는 마루문으로 들어갔어. 꿈에서도 어머님이 어딨지? 했어. 그때야 저리로 들어와서 부엌문으로 어머니가 들어가. 나하고 아버지 어머니하고 셋, 다 집안에 들어간 거라. 다 틀린 통로로 들어간 거라. 아버지 어머니가 이쪽에 있었는데 뭐 바람이 불었는지 그냥 집이 우지끈하더니만 아버지 어머니가 사라져 버렸어. 지붕도 날아가고.

그런 꿈꾸고 서울 가서 수술대에 누워서 그 난리가 난 거야. 거기서 아, 신령이 없다해도 우리 아버지는 날 걱정해서 왔다 갔네 하는 생각이 든 거라. 그래

김옥자의 자택에서 가족들이 함께 했다.

도 아버지 어머니가 계셔서 무사히 수술하고 살아졌네. 목소리도 나오고. 그렇게 좋게 생각했어.

수술 전에 난 마취 시켜버리니 몰랐는데 의사가 "보호자 와 보시오" 했나봐. 어머니 병을 떼어내면 말을 못 할 수도 있다고 한 거야. 아이들은 어머니가 제발 목소리만 나오게 해줍센 막 부탁했다는 거야.

시간이 지나 의식을 깨고 나올 시간인데 한나절 걸려버렸어. 이제 나오는데 "어머니 어머니" 부르는 거라. "아이고, 너무나 춥다. 양말 신겨도라" 아이들이 어머니 말이 나왔다는 거야. 그런데 처음엔 내가 말을 하면 입은 움직여도 상대방은 못 알아들었어. 그래도 고운 목소리는 안 나오지만 그냥 살다 보니까 이 정도.

이제 성대가 반은 이렇게 돼버렸어. 늘 목이 쉰 듯한 것만도 아니고, 목으로 넘어가는 게 어려워서 이러는 거야.

"좌익계 요만한 것도 어수다" 말도 못했어

4·3사건? 그때 우리 닮은 사람들이 다 수두락하지(많지) 않았을까. 다시 일어나서도 안되지만 일어나면 그때 같지 않고 그냥 살아있는 사람들이 살려고 좀 노력하지 안했을까. 죽일 때 속솜허영(말 하지 않고)죽을 수는 없잖아. 정말 억울한 거? 글쎄 한 번쯤은 질문을 다 해봤어. 이런 말이라도 들어봐서 죽었더라면 어땠나 하는 거지.

"너는 좌익계 운동 했냐? 너 했지?"
"우리 가족들 아무 잘못 하나도 없수다. 좌익계 요만이라도 한 것도 아니우다."

이런 말도 못 하고. 이제 신문에 보면 여기 어디 전분공장에 갇혔다가, 육지 갔다가 살아서 돌아온 사람도 있고. 행방불명된 사람도 있고. 이런 역사가 나오는데. 그때 그렇게라도 했다면 거기서 조금 가려낼 사람은 가렸지 않았나. 살릴 사람은 살렸지 않았나. 근데 왜 하나도 물어보지도 안하고 그랬나.

그때는 친척이 누구네 아기를 데려다 키워준다해도 누구가 "폭도 새끼 키운다" 하면서 트집 잡고 심어가고(잡아가고) 해서 누가 키워주는 것도 어려웠지. 그냥 그때 생각하면 한숨 쉬면서 야, 이 세상도 그런 데가 있구나. 우리 아버지만 그런 게 아니었구나 생각하지.

토산엔 그리 사람 없었나 생각해

하도 한이 맥히니까 이제는 그런 생각. 그때는 아 그때는 자기 살기 위해서 명령에 따라 움직였지만 그래도 한 사람이라도 살리려 했으면 살아서 나오게라도 만들었을 거다. 그게 다 본인 살기 위해서 거짓이 있어서 저리 했구나. 그런 생각이 들어.

4·3 지나고 한 10년 넘어서 내가 큰아들 낳은 후야. 우리 동네 가까운 하천리 사람 한 분하고 얘기할 때가 있었어.

"토산은 단 한마디 물어보지도 안 하고 다 죽었수다."
"토산 사람들은 무신 사람들이꽈? 하천리는 두 사람 밖에 안 죽었수다. 죄가 있을 것 같은 사람들은 청년들이 모다들엉 다 곱져부러수게. 어디 육지 갔젠도 일본 갔젠도 하고 또 어디 갔는지 모르겠다고도 하고. 그렇게 해서 다 곱젼 살려수다."

그 말 듣고는 '아, 우린 왜 그런 사람이 없었나?' 자꾸 더 생각이 드는 거라. 토산엔 정말 그때 사람이 없었나? 빽 있는 사람들이 있어야 하는데 과수원 하는 사람밖에 없으니까.

저기 텔레비전에 막 전쟁 이런 거 나오면 지금도 막 가슴이 철렁. 지금도 저렇게 사람을 죽이나. 텔레비전 꺼버려. 바쁘고 힘든 시간을 보낼 때 잠깐 잊었을지 몰라도 다시 그 기억으로 돌아와 버리는 거라.

남편 먼저 세상 뜨고 나 혼자 이 집이 너무 커. 그래도 심심할 새가 없어. 봄이면 저 잔디에 새싹이 쑤욱 올라오는 거 보고. 까치네 마당에서 놀고 고양이들도 들락 날락하고. 그거 보다 보면 하루가 훌쩍 가는 거라. 주말에 오는 증손들도 기다려지고. 지금도 가끔 생각해, '그때 아버지가 안 돌아가셨으면 내 인생은 어땠을까' 난 정말로 공부를 무척이나 하고 싶었거든.

〈구술채록 정리 허영선〉

다행이난 이때까지 살아진 게

문희선
_1938년생, 남원 하례, 서귀포 거주

큰딸 제일 맏이

난 1938년생이야. 남원읍 하례리에서 태어났고. 7남매 중 맏이야. 제일 큰딸.

형제 많으니까 좋아. 모두 서귀포에 살고 육지에서도 살고 그래. 하례리에 살 때 부모는 농사지었지. 난 밭일하지는 않았어. 동생들이 많아서 애기들 돌보았지. 남동생도 여동생도 네 살 차이 나버리니까.

그때 그러니까 내가 어렸을 때는 먹을 것이 너무 없었잖아. 부모가 산에 가서 나무를 해오라고 한 것은 아니지만 내 스스로 친구들이 나무를 해오는 것 보고 나도 한 거야.

아버지는 일본에서 살다가도 왔어. 하례리 사람, 어머니도 하례리 사람이고 양씨야. 아버지는 일본에서도 조금 살았는데, 어렸을 때 일본에서 내 운동화를 사서 보냈어. 아이고. 아버지가 일본에서 사서 보낸 운동화를 아까워 신지를 못했어.

그때 당시 난 나무 하러도 갔고, 전분공장도 다녔고. 그때 서귀포에 전분공

장들 많았어. 그래서 전분공장에 다닌 거야. 하례리에서 서귀포로 왔고 그 후 쭉 서귀포에서 살았어.

4·3 때 하례리에서 한 스물여덟 명인가 죽었을 거야

아이고. ○○○라고 하는 마을 알아져? ○○○ 마을사람들이 그렇게 산으로 많이 올라갔어. ○○○ 사람들이 산에 많이 올라갔거든. 그때 당시에 하례리 이장이나 뭔가 하는 집 사람들은 먼저 가서 죽여 버렸고. 그래서 이장네는 모두 돌아가셨고. '이 집이 누구다. 이 집이 누구다.' 말하면 다 죽여 버렸고, 칼로. 그때는 지금처럼 낫(호미) 같은 것 만들고 난 다음에 칼을 만들어 내놨지. 그것 만들어서 주었다고 그 사람들을 제일 먼저 죽였고. 산에 올라간 사람들이 내려와서 말이야. 이미 그 전에 이장네는 다 돌아가셨고. 하례리 사람들.

밤에 갑작스럽게 들이닥쳐서 남자들 모두 죽였지. 남자들 다 죽여 버린 거라. 그땐 이렇게 산사람들이 들어오지 못하게 담 쌓아놓고 군데군데 앉아 돌아가면서 사람들이 지켰거든. 그 사람들이 지켰어도 그걸 막지 못한 거지. 그래서 거기서 그렇게 한 사람들은 모두 죽여 버린 거라.

그때 당시 우리 아버지도 보초 섰어. 동네 남자들이 보초를 섰어. 그래서 아버지도 보초 섰고.

어머니와 내가 방에 누워있는데, 밤중에 사람들이 몰려와 그렇게 하는 바람에 그 일이 일어난 것이지. 그때 그 겨울밤에 한 스물여덟 명인가 죽었을 거야.

그때 겨울이었는데, 제사가 언제인지는 정확히 모르지만 하여튼 겨울이야.

그때 죽은 사람들 모두 같은 달에 제사 있을 거야.

여자들 몇 사람은 이런 데도 이렇게 잘라져서 병원에도 가고. 이런 데 칼로 찔러버려서…. 아휴 말도 못해.

다리에 총 맞을 때 보초 서러 간 사람들은 거의 다 죽었대. 그때 산사람들은 그렇게 사람 죽이고 간 후 다른 때라도 그들을 보면 크게 노래 부르면서 가더라고.

그들은 산에서 내려와 사람들 죽이고 돼지 잡아먹거나 쌀 있는 것들 털어가고. 그렇게 하면서 살았어.

가족 중에 우리 아버지 6촌은 아들 형제 있었는데 둘 다 죽었어. 그날 밤에. 형제 제사가 한 달일 거야. 그 돌아가신 형제의 아버지도 그때 두세 군데 칼에 찔려서 배설이 밖으로 배출돼 병원에 실려 갔고 그 후 조금 살다가 돌아가셨어. 거기 아버지의 아들 형제는 모두 돌아가셨고. 산에 올라갔다 내려온 사람들이 남자로 보이면 그냥 찔러버린 거야. 우리 집안, 아무것도 잘못한 게 없었는데….

하례리가 많이 피해봤어. 완전 피해봤어. 산 쪽 조금 가까운 데는 아무래도 피해가 컸지. 초등학교도 세 번인가 네 번인가 불태워버렸어. 그런 데만 불 붙여버린 거라. 그때 사촌오빠는 다행히 살았어. 죽을 데 안 맞아서 산 것이지. 여러 군데 찔렸는데 살았어.

내가 총 맞기 전에는 밭에 가서 외할아버지랑 굴속에 가서 누워서 잠자고 바닷가에도 가서 그 굴에 가서 잠자나고 했는데….

마을 그렇게 된 뒤로는 밤 어두워지면 집에서 잠을 자지 못해 두릅 밭에 가서 잠자고. 다른 데 가서 그냥 잠자고. 그렇게 해서 날 밝아 가면 밥해 먹고 밭에 가고 그랬어. 그때 생각하면….

어디 맞았으면 죽을 건데 다리 맞아
죽지도 안하고 병신만 만들었지

나는 그렇게 총 맞았지. 우리 가족 중에는 나만 이렇게 총 맞은 거야. 이렇게 총 맞은 사람은 한 사람 나밖에 없어.

그때 산 사람들도 나를 총을 겨눠 쏘려고 한 것은 아니었어. 저리로 총 쏜다는 것이 내가 맞은 거지. 남자 같으면 어디 가서 보초 서거나 싸우다 그랬겠지만 나는 집 안에 있었는데 총 맞은 거야. 이런 데나 어디 맞았으면 죽었을 건데 다리를 맞아 죽지도 않고 병신만 되었지. 그때 난 총 이렇게 맞은 거 몰랐어. 너무 겁나서. 밤중에 그래서. 잠자다가 깨서. 겨울이었어.

사촌오빠가 그때 한 열두어 살 정도였을 건데, 사촌오빠를 남자라고 칼로 막 이렇게 찌르는 거라. 그게 진짜 생생해. 산사람들 하는 말이 '여자들이랑은 내버려 둬라. 내버려둬.' 나는 그 소리 들었어.

우리 외숙모랑 어머니는 막 겁나서 일어나 앉아있었고, 난 칼로 막 찌르는 것 보고 무서워서 이불 들쳐 쓰고 이렇게 해 앉아버린 거라. 그런데 요렇게 총을 쏘니 여기까지 날아간 건지… 고개를 어떻게 했는지는 기억 안 나고…. 총소리가 팡팡팡…. 그래도 정통으로 맞지는 않았고. 이렇게 해서 이렇게 총을 쏘니까 여기 살이 떨어져 나가버린 거지. 어떻게 그렇게 되었는지는 모르고.

그러니까 이거 총 맞은 줄도 몰랐어. 총 맞은 거 진짜 몰랐어. 이디(여기) 총 맞은 것. 저리로 해서 총 쏘았는데, 이디가 맞아버린 거지. 그때 얼마나 피를 많이 흘렸는지…. 날 밝도록 피를 흘려서.

촛상 입은 날의 기억_이불쓰고 이렇게 앉아있었다.

날 밝아 뒷날 아침 어머니가 내게 "아이고. 이불 속에서 나오라."고 했는데, 내가 "나 다리아파서 못 나가겠어."라고 하더래. 우리 어머니 말이. 어떻게 해서 총 맞았는지 하나도 몰랐다고 해. 그렇게 했어도 살아났지.

목발 짚으면서 병원 다녔어

총 맞은 후 병원에 와서 한 1년도 넘게 입원해 치료받았어. 그렇게 했어도 여기가 계속 좋아지지 않았어. 걷지도 못했고.

그러니까 이 다리 이 부위 뼈가 부서진 거라. 뼈가 부서져 치료가 안 된 거지. 나, 그건 알아. 당시는 지금처럼 한 것이 아니고 이렇게 가지로 해서 고쟁이에 꿰서 요렇게 쏙 찔러 넣었는데, 그것이 잘도 아팠어. 그때 당시는 지금처럼 한 것이 아니고, 여기로 수술해 뼈를 빼낸 거야. 살이 이만큼 여기 것 없어져 버렸고. 그렇게 해서 이 다리 치료를 한 거라. 그때 당시는 병원이 좀 그래서 그저 상처만 아물고 내버려 둬 버렸지.

그래서 퇴원한 다음에도 걷지 못했어. 병원에서 치료받고도 다리를 못 펴서 돼지기름과 밤을 빻아서 다리에 이렇게 싸매고도 있었어. 집으로 와서도 누워만 있었지. 계속 치료받으러 다녔고. 목발 짚으면서 병원 다녔어. 그렇게 하면서 열다섯이 되어버렸을 거라. 지금 같으면 병원 의료기술이 좋기 때문에 이렇게 다리도 오그라지지 않았을 것이고…. 다리 이렇게 된 후로는 일도 잘 못했어.

치료받으면서 고향에 안 가고 서귀포에 그냥 살아버린 거지

그날 밤, 다리 총 맞고 다음날 아침 서귀포에 있는 병원에서 환자들 실으러 차가 왔어. 그때 당시에도 구급차가 있었는지 차가 와서 다친 사람들 병원으로 데려갔어. 그리고 병원 치료 때문에 서귀포로 와서 고향에 안 가고 서귀포에 그냥 살아버린 거지.

그렇게 1년 넘게 병원에 있었지. 이제 같으면 병원이 좋아서 이렇게 다리도 오그라지지 않고 큰 병신은 안 되었겠지. 그때 병원비는 아버지 어머니가 냈겠지. 그때는 어머니 아버지네 계실 때니까, 병원비 어떻게 처리했는지는 몰라. 내가 어린 때니까 어쩔 수 없지.

병원에 입원했다가 오랫동안 병원 드나들었지. 여기가 계속 좋아지지 않아서. 아버지가 이렇게 등에 업고서 병원 드나들어야 했어. 여기 어디 뼈가 부서진 것이었지. 뼈가 부서져 치료가 완전히 안 된 건 알았지만. 그때 당시에 다른 거 아무것도 못했어. 그때 걸음도 잘 못 걸어서. 걷지 못해났지. 옛날엔 물리치료 하는 병원이 없었어. 뭐니 뭐니 해도 병원에서 치료하는 것이 최고인데. 그런데 병원이 없어났지. 그때 서귀포에 병원 2곳 밖에 없었어. 그렇게 해 병원에서 치료받았고.

제주시내 사진관에서 오래 전에 촬영.

우리 어머니가 그러셨는데, 그때 이렇게 다리가 오그라들었대. 다리가 이보다 더 못 펴났어. 이렇게 다리를 못 펴났는데 그 돼지기름과 밤을 빻아서 이런데 이렇게 차 매고 그렇게 한 것 기억나. 그 이상은 몰라. 4·3 때 다리 이렇게 다치면서 서귀포로 오게 됐어. 그리고 고향에 돌아가지 않고 나 치료하고 서귀포에 살아버린 거.

에그 창피해서 보여주지도 못해

그때는 형제들 조금 커갈 때야. 당시는 애기들 못 안아 들었어. 누워서만 있었고, 집에 와서도 누워만 살았고. 그렇게 했지. 그렇게 해서 병원이라도 가려고 하면 우리 아버지 등에 업혀서 가곤 했어. 그렇게 계속 병원 치료받으러 다녔지. 얼마 동안이나 그렇게 했는지는 잘 모르겠어.

총 맞은 다리 치료하느라 몇 년 걸렸던 것 같아. 몇 년 걸어 다니지도 잘 못했고 고생은 했지. 고생 많았어. 총 맞고 다리 살이 요만큼 어디로 도망가 버렸고. 이 속에 뼈다귀, 뼈가 부서져서 좋지 않았어. 에그. 창피해서 보여주지도 못해. 하례리에서 그렇게 돼서.

그때 생각을 해보면 생생해. 병원 다니면서 목발을 짚어야 했어. 목발 짚어 이렇게도 저렇게도 걸어 다녀봤지. 그때까지 병원에 계속 왔다 갔다 했어. 그렇게 하다 보니 한 열다섯은 되어버렸을 거라. 그래도 부모네 있어서 살았어. 부모랑 살았으니까. 다리 이렇게 하면서. 그때는 일 못했어.

아이고. 이 다리로 일할 수 있었겠어? 왔다 갔다만 했지. 친구들이야 있었지만은. 그래도 부모가 있어서 부모랑 같이 살았지. 아무 일도 안 하고 그냥 왔다 갔다만 하면서.

난 학교가 공부가 뭔지도 몰랐어

아이고. 어렸을 때 내게는 애기만 돌보라고 했어. 동생들 많아서. 그래서 어머니 원망도 막 해봤거든.

"원망해 보아도 필요도 없는데…."

그때 하례리 마을을 세 번이나 불태워버렸거든. 난 학교 가보지도 못했고. 학교가 공부가 뭔지도 몰랐어. 아이고. 또 이 다리 아파서 공부할 생각도 안 났지. 그때 당시는 애기만 돌보라고 했고. 어른들 농사짓자고 하면. 그래서 공부고 뭐고 학교도 못 갔어.

"난 글도 모르고 멍청이라. 다리 이것 생각하면 너무 억울해."

서귀포에서 살았는데…

서귀포 와서. 그때는 저 송산동 살았지. 그때 남의 집 빌어 살았어. 자기네 집 산다고 하면 그때 그냥 짐 싸고 가서 살았어. 병원 치료하는 동안 우리 아버지, 어머니, 동생들 이런저런 일 하면서 살았지. 아버지는 바다에 고기 잡으러 다니고. 밤중에 다른 사람들과 고기 잡으러 갈 때 엄마는 그걸 뒷받침했어.

나는 남의 일 해보지는 않았지만, 나무하러 다녔어. 그때는 나무 땔 때라서. 아이고. 이 다리 끄집고 영(이렇게) 올라가서 막 이리저리 가서 나무 해오매. 이리 올라가서 나무를 해서 모두 이리로 가져와서 저 솔동산 아래까지 몇 번을 쉬면서 갔어. 그때까지만 해도 다리로 못 걷지는 않았지. 그런데 이쪽 무릎을 많이 쓰니까 아파서….

거기 송산동에서만 살다가 호근리 사람과 결혼해서…. 거기 있다가 천지동 와서 살다가 이리로 이렇게 온 거야. 이쪽으로 이사 와서 아이들 키우고 살면서. 아버지는 아파서 돌아가셨고. 아버지는 바다에 다녔는데, 바다에 다니는 사람들은 술을 너무 잘 먹었거든.

그때 나는 전분공장에서 일했어. 서귀포에 전분공장이 여러 군데 있는데 그때 전분공장에 다녔어. 어머니는 그런 데서 일하지는 않았어. 난 전분공장에서 일했고. 그런 공장 일은 어른들은 안 되고 젊은 사람들이 다녔어.

난 전분공장에서 일해서 나 결혼할 때 이불 같은 혼수는 내가 장만해 가져갔어. 그때 어머니도 이불 해줬지만. 이 다리가 이랬어도 어디 가더라도 일하지 말라고는 안 했어. 고마운 일이지.

전분공장에서 일 하영(많이) 했지

(송산동에서) 친구들은 많이 없었고. 나는 돈 벌러 다녔었지. 한 열여덟. 그때 당시에 전분공장 다녔고. 그때 당시는 일할 것이 없어서…. 그때 전분공장이 저 정방폭포 그쪽에 있었고. 여기 자구리(공원)에도 있어났어. 전분, 빼떼기[1]도 했고. 몇 달 간 것 같아. 그 고구마 해서 기계에 담고 하얗게 그것을 통에다 받아두면 전분도 만들고. 동네 사람들이 많이 했지. 어머니들은 안 되었어. 어른들은 안 했고 처녀들 젊은 사람들 다녀났어.

부모님은 여기 서귀포 와서 농사도 조금 지어났고 우리 아버지는 바다에 다녀나고. 남자들은 고기 잡으러 다녔지. 어머니는 이런 일 뒷받침했고.

다리 이렇게 해도 결혼은 해지대

결혼은…부모님이 결혼시켜줬지. 어느 때인지…. 아마 정월달일 거야. 스물셋. 그때까지는 그럭저럭 부모랑 살았고. 스물셋에 중매로 결혼했지. 다리 이렇게 해도 결혼은 해지대. 나 아픈 거 알고서. 다리 이렇다는 것 알려주고서. 알려서 했어. 다른 나쁜 병은 아니니까.

다리 아픈 게 무슨 병은 아니니까. 나쁜 병 앓는 사람은 그것이 아이들한테

---

1) 생고구마나 삶은 고구마를 얇게 썰어 볕에 말려 만든 옛날 경상도와 제주도 간식의 하나임.

라도 전염될까봐 결혼 못할 수도 있었어. 나는 나쁜 병은 아니니. 다리가 조금 그럴 뿐. 그때 그렇게 맞아 총을 맞아 다리가 이렇게 된 것이라서 천한 것은 아니었어. 천하다고 보지는 않았어. 그래도 불쌍하게 봐서 그러는지 몰라도 일 같은 거는 잘 연결해줬어. 다리 아프다고 일 안 주면 못하는데, 내게는 일 잘 붙여줬거든. 지금까지라도 남한테 나쁘게끔 하지 않아 보고 살았어.

우리 형제들도 이때까지 살았지만, 우리 동생들이나 시집 괸당과도 이만큼도 싸워보지 않았어. 지금은 우리 어머니 돌아가셨지만은 어머니처럼 나를 다 이해해주지. 올케들이 어떻게 해도 모두.

나는 시집와서 시어머니나 시아버지가 뭐 하면 동서들이 그렇게 시샘을 하더라고. 나는 서귀포에서 살다가 결혼을 했는데, 부모님이 다 살아계셔서 그런지 몰라도 시부모님이 나를 많이 생각했거든. 그래서 동서들이 조금 시샘을 하고 했었어.

다리가 이래도 지금까지 친구들이나 주변 사람들이 나에 대해 뭐라고 하지는 안 했던 것 같아. 4·3 때 총 맞았다는 건 친구들도 다 알아. 친구들은 모두 참 좋아. 나쁘게 하는 친구들은 없었어. 이때까지 살아도! 나 걷는 것 보고 뭐 어떻다고, 뭐라고 한 건 없었던 것 같아. 모르지. 나 없는 곳에서 뭐라고 하는지는….

어쨌더라도 다리 이렇게 돼버려 조금 이렇게 절면서 걸었어. 나이 들면서는 걷는 것이 더 힘들어졌고.

아이고. 내 신세타령 해봐도 필요 없고

그저 야속은 하지. 정말로! 산사람 때문에 내가 그때 그렇게 돼서.

난 그런 원망 하기는 했었어. 그때 '이런 데라두 맞아 딱 죽어버렸으면 이런 생활을 안 할 건데' 이런 생각하기도 했어. 젊은 때 그런 생각 많이 했지. 이제도 생각나지만. 다리 아파가면…. 그런 거지.

젊었을 때는 그렇게 여기 아픈 것 몰랐었어. 나이 들고 이제야 이렇게 아프지. 다리 아프면 매일 침 맞으러 가고 병원에도 가고 다 하고 했어. 매일 병원에 가 침 맞고 물리치료도 받고 주사도 맞고….

언제부터인가 다리가 더 아파났어. 병원 가서 이 다리 엑스레이(X-ray) 찍어보니 이 다리가 힘이 없어서 이 다리로만 힘을 써서 그렇대. 그래서 이 다리도 아프고, 막 이런 데도 아파. 이제는 다 아파. 그래서 지금은 약 지어서 약 먹으면서 살고 있지. 신경통약 먹으면서 살았고.

예전 시댁 동네 살 때는 농사지었고, 서귀포 와서는 도우미도 했고 밀감도 하다가 남의 일도 했고. 돈이 없으면 못 살잖아. 어떻게 하더라도 쓸 데도 있고. 시청 공공근로도 했고.

결혼해 살다가…자식들 생각해서 참고 살았어

스물하나에 결혼. 남제주군(현 서귀포시) 마을 사람과. 중매로. 세 살 차이. 결혼하고는 시댁 있는 마을에 우리 밭 있어서 농사일하고 남의 일도 가고. 아이들은 공부들을 다 잘했어. 그 당시에도 남편은 트랙터 기계 사용해서 보리농사를 했는데, 우리 먹는 건 푼푼히 먹어 살았어. 결혼하고서 시댁 있는 데서 우리 밭 있어 농사하는 거 하고 남의 일도 가고. 시댁 있는 마을에 조금 살다가 서귀포시로 왔지. 서귀포로 이사한 거는 잘했는데. 우리 하르방, 술 먹고 친구에 빠져들어서.

"말도 못해. 그때 술과 친구를 너무 좋아해서. 시댁 마을 살 때도 그랬어. 서귀포 이쪽 친구들과 모여 술 마시고 노는 것에 푹 빠져서"

우리 남편은 아파서 서울 병원에도 갔었고….
시댁 있는 데서 살 때 우리 밭 농사지을 때 남편이 일은 잘했어. 일할 때는. 그때 남편이 친구들과 모여 술 마시고 놀기를 좋아했어도 어디 가서 돈 벌어오곤 했어요. 큰 걱정은 없이 살아났지.
남편은 일하는 건 간세다리[2]는 아닌데, 술과 친구들에 빠져서. 친구들이 가만있는 사람을 불러냈어. 그때 친구들이 남편 있는지 막 전화를 했어. 전화해 모여서.
아이고. 결혼하고 계속해서 친구들과 어울려 술 마시고 놀기만 좋아했어. 결혼하고서 남편이 친구들과 어울려 술 먹고 노는 것을 너무 좋아한다는 걸 알았는데도 헤어질 수가 없어서 지금 이때까지 왔어. 아이들 때문에 그냥 살았어. 아이들이 불쌍해서.

"나 하나만 참고 살면 큰일이 없다."

그래서 나 혼자 참고 살았지. 우리 자식들 아니면 안 살아어. 아이들 때문에 그냥 살았지.
우리 아버지, 어머니나 사위 그러는지 몰랐어. 친정에 말해 봐도 필요 없는 걸 말 다 해서 뭐해. 그냥 참으면서 살았어.

---

2) 간세다리는 '게으름을 피우는 사람'을 시칭하는 제주어.

"그것이 그때의 법이었어. 자식들 생각해서."

"나 하나 살면 그래도 밥이라도 먹지. 아방(아버지) 죽은 건 그래도, 어멍(어머니) 거는 밥이라도 잘 먹을 거 아니? 애기들 불쌍해 못 갔어. 그래서 참고 다 참으면서…."

아휴. 그래서 우리 아들이 나를 그렇게 불쌍하게 생각해.

우리 아이들은 어릴 때
'우리 엄마 이 다리 쥐 토다먹어배쩬(쥐가 뜯어먹어버렸다고)'
그렇게 말해놨어

우리 아이들 아빠 살았을 때 서울 대학병원에도 갔었어. 이 다리 잘 펴지를 못해서. 거기 갔다 왔어도… 남편이 내 다리를 보고 뭐라고 한 적은 없었어. 아이들은 내 다리 보고 '쥐 뜯어먹었다.'고 했어. 아이들이 어릴 때였는데, 이디 다리가 이렇게 살이 없는 것을 보고 이렇게 말했어.

"여기 무슨 살을 해다 붙이나?" 우리 아이들은 어릴 때 이 다리를 보고 이렇게 말했어.

"우리 엄마 이 다리, '여기 살이 있었는데 쥐가 뜯어 먹어버렸다'"

아이들 어릴 때. 어릴 때 큰아들이 장난삼아 동생들한테 그렇게 이야기한 모양이야. 웃었지. 아이들은 다리 이렇게 뭐했다는 얘기 안 해. 이제도 친구들한테 이거 이야기하면서 웃으매.

막내 남동생이 변호사시험에 합격해 변호사 사무실 개업했을 때(앞줄 오른쪽에서 첫 번째가 맏이이자 큰딸인 문희선).

아이들이 좋으니 아이들 의지하면서 살았지

(아이들) 결혼은 못 시키고 남편은 돌아가시고. 아이들 결혼은 내가 시켰어. 아들 셋, 딸 하나. 육지에도 한 명 살고, 제주시에 딸이랑 모두. 그래도 어떻게 해. 부모 도리로 다 해야지. 잘은 못했지만. 남이 하는 것처럼 아이들한테 잘은 못했어.

아무것도 없었어도 아이들이 좋아서. 아이들 의지하면서 살았어. 애들은 머리가 좋아서 다 공부를 잘했어.

우리 남편, 큰아들 서울에서 대학 다닐 때 돌아가셨어. 서울 병원에도 가고 제주시 병원에도 가고. 그때 암이었어. 4남매 다 대학 공부시키고. 아들 셋, 딸 하나. 다들 공부를 잘했어. 큰아들은 육지 회사에 다녔는데, 아버지 돌아가셔서 어머니만 제주에 남아 계시다고 제주도 근무지로 보내주라고 요청했나봐. 그래서 서울에서 살다기 제주시에 내려왔어. 며느리도 남편 따라서 내려왔고….

그때 콱 죽어버렸으면 이렇게 고생은 안할 건데

목욕탕에도 가면 수건을 이렇게 해서 가. 창피해서. 이 다리 내놓기 싫어서. 그렇다보니 목욕탕에라도 가면 수건을 항상 이렇게 해 들어가. 나 자신도 창피해서. 이 다리를 그대로 이렇게 보여주지 못해. 창피해서…. 지금도 그 생각을 떠올리면…. 생각하기조차 싫어. 그때 생각을 해보면 눈에 선해.

그때 산사람들이 와서 여자들은 죽이지도 말라고 했어. 여자들은 내버려두라고 했어. 여자들도 죽일 수 있었는데, 놔두라고 했지. 남자들만, 남자라고 찔러버리더라고.

이 다리 보면 그런 생각이 들어. 나처럼 한 사람은 세상에 없어. 딴 사람들은 없어. 어디 가도 걸음도 빨리 못가. 남보다 항상 뒤떨어지지. 남들 앞에 나서서 못 걷지. 빨리 걷지를 못하니. 또 이제 와서는 아프기도 해서 잘 걷지도 못하고. 병원에라도 가려고 이렇게 걸으려고 하면, 걷지 못하게 해. 아이고. 여기가 아프니 걷지 말라고 해. 난 '아휴 괜찮아요. 괜찮아요.' 하면서 이렇게 걸으면 보곤 하지. 난 창피해서 걷고 싶지를 않아. 이렇게 옷을 올리고 싶지도 않아.

나처럼 한 사람은 없어

안 당한 사람은 몰라. 다리 아파가면 더 생각이 나는 거지. 아휴 그때 콱 죽어버렸으면 그렇게 고생은 하지 않았을 건데. 삶이 좋을 때든 어떻든 그냥 이렇게 살아가는 거지. 살아가는 거지.

이 다리 아플 때마다 '왜 나는 이렇게 되었나?' 하는 생각이 들어. 상상할 수조차 없지. 다른 사람들은 이런 나 같은 사람 없을 텐데. 왜 나는 이렇게 되었나…. 다리 아프면, 어떨 때는 너무 아파서 아이들이라도 불러. 아파서 걷지를 못해 병원에도 못가서. 한참 있다가도 이렇게 주저앉아버려. 이런 나 같은 사람은 없겠지. 나처럼 한 사람은 없어. 아무리 어릴 때 한 거라도….

억울해 해봤자 필요 없어

해방되기 전에 일본군이 하례리에도 왔더라고. 거기서 봤는데, 구두 신고 이만큼 여기까지 오는 구두를 신어 찰박찰박…. 아이고. 그때는 그런 사람들로 인한 피해는 없었어. 그런데 4·3사건 때는 제주사람들이 산사람 되는 바람에 피해가 컸지.

어휴. 그때는 그 사람들을 폭도, 산사람이라고 했어. 산에 올라가 산사람 되었다고. 그때는 경찰도 무서웠어. 그 사람들 여기 내려와서 조금이라도 관계있는 사람들은 모두 죽여 버렸어.

저기 '이 집이 누구다, 이 집이 누구다.' '그 집이 뭐했다 어떡했다.' 조금 소문이라도 있으면 다 죽여 버렸어. 한명 씩 죽이는 것이 아니라 한꺼번에 차에 실어다가 정방폭포 부근 어딘가에서 모두 죽여 버렸어.

내가 총 맞아 서귀포에 있는 병원에 있을 때 들은 건데, 하례리가 제주도에서도 잘도 피해가 많았다고 했어. 정방폭포에서 서귀포 사람들 많이 죽었대. 한 명씩 죽이는 것이 아니라 한꺼번에 차에 싣고 가 거기서 다 죽여 버렸대.

그래서 서귀포에 있던 산사람 중에 높은 사람이 거기에 굴 파서 그 굴속에 숨어 살았는데, 그것을 알아 그 사람들 잡아다 목 끊어 전봇대에 매달아두었고 그 부인은 옷 벗겨 서귀포 돌렸다고 사람들이 말했어. 그때 난 총 맞은 다리 아파서 병원에 있을 때였어.

서귀포 사람도 많이 죽었지. 산사람이 죽인 것이 아니라 모략을 해가지고 아무 필요노 없는네 모략해시 모략으로 해 다 죽여 버렸어.

여동생들, 올케와 함께 여행 갔을 때(오른쪽에서 첫 번째가 문희선).

다행이난. 이때까지 살아져서

그러니까. 어떻게 생각하면은 내가 왜 그럴 때도 있고 또 어떻게 생각하면은 그래도 살아있으니까 아이들도 보고 손자들도 보고…. 이제는 다른 생각은 하지 않아. 잊어버릴 때도 있어야지. 다만 너무 억울한 생각만 나지. 아파가면.

그런데 억울해 봤자 필요 없어. 누가 알아줘야지 말이지.

아이들한테도 '내가 다 말해줄게.' 해서 이러저러해 내가 이때까지 살아왔다고 말했어. 그때 콱 죽어버렸다면 좋았을 거라는 말도 아이들한테 했고. "엄마 운명이 그거 밖에 안 되는 걸 어떻게 하느냐?"고. 우리 딸, 딸 하나인데 막둥이 딸이 어렸을 때 그렇게 말하더라고. '엄마 백 살까지 살아.' 백 살까지 살라고. 그처럼 막둥이 딸이 말하면, 나는 그렇게 말했어.

"아이고. 그처럼 내가 백 살까지 살면 누가 먹여줄 거냐? 누가 나를 먹여 살릴 거냐고."

그랬던 막둥이 딸이 이제 다 장성해서 자기들 앞가림하면서 살고 있어. 그리고 내가 혼자 산다고 동사무소(주민센터)에서 돌보러 오는 사람도 있고. 몸 어떠냐고 전화도 해주고.

집에 들어오면 이거 보면서 저거 보면서 하는데, 일 나가면 그날 몇 시간은 시간 가는 줄 모르잖아. 거기도 친구들 있어 친구들과 일해가면 시간이 금방 가.

집에 혼자 있으면서 뭐라도 하려면 이런 바닥에 앉아있기 힘들어. 간편하게 일어설 수도 앉을 수도 없거든. 손을 짚어 일어서든지 해야 해서. 그래서 아이들이 이런 편하게 앉을 수 있는 것 사다 주고.

쓸데없을 건데 왜 올리느냐고, 안 한다고 했어

노무현 대통령 때 그걸 알았어.

하례리 살 때 산사람들이 사촌오빠 찌르는 것 봤잖아. 그 사촌오빠가 하례리에 사는데, 4·3 사건 때 내가 총 맞은 것 등 겪은 것 자초지종을 다 알아서 거기서 나 총 맞은 것도 올려 줬어. 외삼촌네 모두 올리면서 나 어떻게 한 것까지 모두 올려줘서…. 노무현 대통령 때 그걸 알아서 나까지 올려준 거야. 그렇게 안 했으면 몰랐을 거야.

그러니까 내가 우리 고모 네가 이만저만하니 4·3사건 때 피해 입은 사람들 이만저만 하다고 올린다고 나한테 내가 4·3 때 어떻게 총 맞았는지 그 자초지종을 올리라고 했어. 다른 사람들도 다들 4·3 때의 피해를 올리니 내게 올려보

여동생의 딸(조카) 결혼식 때 모인 가족(첫째줄 오른쪽에서 두 번째가 문희선).

라고 그랬어.

그때 내가 "아이고. 내가 남자라면 가서 싸우다가 총을 맞았다거나 보초 서다가 이렇게 됐다고 하지만 난 어린 때 그런 것 올려서 뭐합니까?" 한 거라. "나 어린 때 총 맞은 것 올려봐야 아무 쓸데기 없으니 안올린다."고 해서 나는 안 올린 거라. 나중에야 그런 거 모두 알아 우리 외삼촌네가 내가 4·3 때 어떻게 한 거 올려줘서 올라가게 된 거야. 그 마을에서 모두 누가 보증을 해 말해줘서 올라가게 된 거지. 그래서 노무현 대통령 때인가 병원비랑 조금 받았어. 내가 그렇게 한 걸 보증해 준거지.

억울해. 아무 죄도 없는데 나만 다리에 총을 맞나
억울하면 어쩔 거라. 누구한테 하소연할 거라

억울하면 어쩔 거라. 뭐가 있는지 자꾸 전화를 해 와서. 4·3 뭐 한다고 해서 통보도 오고했는데, 내가 가질 못했어. 4·3 때 나 당한 거 누구한테 하소연할 거라. 또 하소연하면 뭐 하나. 뭐라고 말해 봐도 필요 없는 거라. 억울해. 내 다리가…. 아무 죄도 없는데 나만 다리에 총을 맞았는지. 그때 당시에 죽어버렸으면 좋았을 건데…. 왜 살아가지고 이렇게…. 똑바로 앉으려고 해도 앉지도 못하고, 빨리 걷지도 못하고, 남들한테 뒤처져서 걷고. 그 산사람들 진짜로 ○○ 마을 사람들, 막 원망이 해져서. '왜 내가 이렇게 되었나.' 하고 원망도 해져. 막 원망도 해져.

4·3 때 그런 일이 일어나서 내 신세가 이렇게 되었다고 하는 그런 생각도 해 봤긴 했어. 원망도…. 아이고. 원망하면 뭐해. 진짜 억울하지. 4·3사건만 아니었으면 이런 일이 없었을 테지. 재수가 없었지만.

그 사람들이 잘못해도 할 수가 없고
내 복이 이렇게 된 걸 어떻게 할 거라 그냥 내 팔자

　4·3사건 때 '안 다쳤으면' 하는 생각이 들어. 어느 사람한테 욕하고 어느 사람한테 탓할 거라. 어휴. 저 할멈, 이상하게 걸음 걸어. 아이고. 막 이상하게 걸어. 아이들이 절락절락 하는 거 아니냐고…. 또 어떤 사람은 소아마비 아닌가 하지. 다른 할망이나 엄마들도 그렇게 보는 거. 4·3 때 총 맞은 줄 모르지 그 사람들은. 그래 소아마비라고 하고 다녀요. 그런 말은 하지 않았어요. 총 맞았다는 말. 내가 어떻게 다쳤는지는 잘 말 안 해.
　이 다리로 뭐 해보니까 이거 신경 쓰고 해봐도 할 수 없는 거! 내 복이 이렇다. 내 팔자려니 내 운명이라니 하지. 아이고. 그때 나 죽었으면…. 그때 총 맞을 때 죽지 왜 살았는고! 이렇게 내가 말하면, 큰아들이 "맞수다. 그랬다면 지금 나도 안 날 거 아닌가?" 그러면서 웃어.

총 맞았을 때 부아 날 때 그때 차라리 죽었으면 하는 생각을 하지

　근데 그때 차라리 죽었다면 하는 그런 생각을 할 때 있지. 그때 총 맞았을 때 부아(부애) 날 때 '그때 차라리 죽었으면….' 하는 생각을 하지. 하르방(남편) 그렇게 할 때 노름할 때. 그것에 다 미쳐서. 다른 사람들도 마찬가지니라. 계속 안 살고 그 생각 하지. 지금 이때까지 왔어. 아기들도 아기들이 불쌍해 가지고 나 하나 살면 아무 이유가 뭐가 큰일이 없다. 그래 나 혼자 참아 살았지. 그래. 자식들 생각해.

놀면 못 살아

　만약 많이 아프면 병원에도 가고. 돈 쓸 데도 있고 해서 그렇게 하는데…. 돈

벌어야지 하는 생각에서 아무리 아파도 내 스스로 일 다녔어.

귤 따는 철에는 귤 따러 다니고. 다리 아프고 해도 예전엔 일(공공근로) 하러 다녔었어. 이 다리로 일하러 가고 싶은 사람 얼마나 있을까?

어떻게 해도 놀면 못 살아. 다리 아파도 일하러 다녔지. 잘 다니다가도 이 다리 아파서…. 진짜 아픈 날이면 진통제라도 먹고 다녔어. 약 먹으면 하루는 지나가주지.

예전에 일할 때 아이들 앞에서도 '아이고 아이고 아프다'는 말이 나왔어. 아이들은 '우리 엄마는 그렇게 다리 아프면서도 일하러 다닌다'고 생각하매. 아팠으면 일하러 못 다닌다고. 매일매일 약 타서 약 먹으면서 일 다닌다고 생각해. 그날 아침 일 가면서 약 먹고 갔다 와서 저녁에 먹고 그렇게 하면서 일을 다녔어. 지금은 일 안 하지만.

그리고 내가 아프다고 잘 말하지 않기 때문에 사람들은 잘 몰라. 아이고. 나이 다리 아파서 못 간다고 한다고 해서 누가 알아주는 것도 아니고.

우리나라 너무너무 좋은 나라 아니?
우리나라 완전히 좋은 나라인 거라

난 4·3 희생자 국가보상금[3]은 4등급으로 해 받았어. 그냥 안 줘도 할 수가 없는 것이지만. 진짜 우리나라 좋은 나라 아니? 왜 그런 노래도 있잖아.

---

3) 2000년 제정된 '제주4·3사건 진상규명 및 희생자 명예회복에 관한 특별법'이 희생자에 대해 국가보상금을 지급하도록 개정되면서, 후유장애 희생자에 대해서는 후유장애 희생자 다수가 이미 사망 또는 고령인 점을 감안해 14개인 장애등급을 3개 구간, 즉 1구간(장애등급 제1~3급)은 9천만 원, 2구간(장애등급 제4~8급)은 7천5백만 원, 3구간(장애등급 제9급 이하) 5천만 원으로 구분하였음.

'우리나라 좋은 나라….'

우리나라 진짜 좋아! 진짜 좋아요. 난 욕심 없어. 욕심도 한도가 있지. 그렇게 안 해도 되는데 척척 다 해줘.
정말 '우리나라 좋은 나라', 우리나라가 좋은 나라 되었다는 노래도 있어. 옛날부터 이런 노래도 있어났어.

일본이 망하여 조선이 산다.
전장(전쟁), 전장, 대동아전장,
일본이 망허야 조선이 사다.

이런 노래가 어떻게 해서 나왔는지는 몰라. 딴 사람들 중에 이 노래 부르는 사람 없어. 난 저절로 이 노래 배왔어.

전쟁
전쟁
대동아 전쟁
일본이 망해야
조선이 일어선다.

전쟁
전쟁
대동아 전쟁

일본이 망해야
조선이 만세

'일본은 망하고 조선이 만세' 그렇게 불렀잖아. 그런데 조선이 이겨서….
이 나라에서 다 딱 잘 해주는데 또 무슨 욕심이 있겠어. 욕심이 많으면 안 되지. 그것도 적당히 해야죠. 적당히….

우리나라 너무너무 좋은 나라 아니?
우리나라 완전히 좋은 나라인 거라.
우리나라 참 좋은 나라가 되었어.
우리나라가 좋은 나라가 되었지.

〈구술채록 정리 염미경〉

바느질 매듭 풀 듯

신희자

_1940년생, 한림 대림, 한림리 거주

세금 제일 많이 내던 집

　난 한림면 대림리에서 태어나고 자랐어. 한림면은 맨 처음 대림리가 생기고 차차 바닷가 쪽으로 내려가 발전하며 한림리가 커진 거야. 아버지 이름은 신두안, 어머니 이름은 이수산이고 난 4남 4녀의 6번째로 태어났지. 그러니까 나와 큰언니, 큰오빠하고는 나이 차이가 많지.

　우리 집은 방앗간을 해서 부유했어. 아버지가 일본에서 기계 들여와 기술자 2~3명 데려서 일할 때니까. 그때는 제주도가 농사 위주의 삶이잖아. 누구 집이든 곡식을 빻아야 밥을 먹으니까 엄청 바빴지.

　해방될 때 나는 6살인가? 큰오빠는 선린상고를 나와 서울상대 다닐 때이고 둘째오빠는 오고(오현고등학교) 다녔어. 그때 우리 집은 한창 번성해서 일이 많았어. 아버지는 방앗간 하면서 해방 후엔 일본에서 목화솜 트는 기계를 사왔어. 아버지는 모든 일은 새로 개발할 줄 알아야 된다고 신식 솜틀 기계를 들여온 거지. 목화를 담아 씨를 빗질하듯 빼고 이차적으로 태우는 기계를 연결시켜서 솜을 이불채처럼 탁 만들어 내 놓으면 바로 이불포에 담기만 하면 되는 거야. 목화솜으로 미녕(무명)도 짜고 옷도 해 입을 때니까 저 멀리 동쪽 성산포나 서귀포에서도 목화솜 틀러 사람들이 오더라고. 올 때는 양식 지고 지들커(땔감)도 가지고 와서 며칠씩 밥 지어먹으면서 솜을 틀고 갔어. 밥은 마당 구석에서나 우영팟(텃밭)에서 형편 되는 대로 솥단지 걸어놓고 해 먹고 잠은 마루에도 자고 난간이나 고팡(창고)에도 잤어. 그러니 한림에서 1등 부자로 세금을 제일 많이 냈다고 했어.

큰형부의 죽음으로 시작된 어두운 그림자

우리 집안 어두운 그림자는 큰형부의 죽음으로 시작되었어. 큰형부 이름은 장인빈. 곽지에 사는 장 면장 아들이야. 해방돼서 경찰에 들어갔는데 감색 경찰복 쫙 입고 나타나면 어린 내 눈에는 삐까뻔쩍(번쩍번쩍) 잘도 멋쟁이로 보였어. 그 형부가 무릉(한림면 무릉리) 지서장으로 발령 나서 언니네가 곽지에 살다가 애월로 옮겨 출퇴근을 할 때야. 왜 4월 3일에 산에서 12개 지서 습격했잖아. 그때 산사람에게 죽었어. 폭도들이 총이 없으니 죽창으로 찔러 죽였다고 해[1]. 큰언니가 경찰서 가서 봤는데 편직했던(멀쩡했던) 남편이 죽창으로 잔인하게 죽은 모습을 본 언니는 그 날로 병이 나버렸어.

큰언니는 그때 3남매를 키우고 있었는데 그 일이 있기 전 친정에 놀러 왔다가 서너 살 된 아들이 우리집 샘물에 빠져 죽었어. 기계를 식히고 보리 빻을 때도 쓰고 하려면 방앗간에는 샘이 있어야 해. 그만 그 물에 조카가 빠졌어. 코 빨면 살아난다고 어머니가 계속 코를 빨고 있으니까 형부가 조용히 만류했어.

---

1) 4·3일 경찰 사망자 중에 장인빈은 없었다. 무릉지서는 4월 3일 이후에 증설된 지서로 구술자의 기억에 착오가 있었다.

"어머니, 이미 죽었는데 그만 하십서(하세요)."

형부가 돌아가시고부터 집에서 굿을 무지 많이 했어. 큰 굿도 하고. 그래도 언니가 시들시들 하니까 요양한다고 애월에 방 하나 빌려서 조카들과 살았어. 우리 집은 너무 시끄럽고 복잡해서 환자가 살 형편이 못 되었으니까.

어머니가 날 보내서 큰언니 사는 집 가보니 이문 간(문간채)에 방 한 칸 빌려서 살고 있더라고. 어린 조카는 언니가 아프니까 잘 먹지도 못하고 돌이 넘었는데도 몸이 작았어. 난 아기구덕을 흔드는 일을 하고 언니는 겨우 걸어 다닐 정도였는데, 한 며칠 있었나? 도저히 답답해서 못살겠더라고. 내가 집에 가겠다고 하니까 언니가 조금만 더 있어달라고 하는데 한참[2] 되는 길을 걸어서 와 버렸어. 전에 금성리 사는 큰올케 집에 놀러 다니며 샛길을 알아둔 게 있어서 애월에서 금성 쪽을 지나 대림으로 돌아오는 데 얼마 안 걸렸어. 오다가 돌아보니 해는 뉘엿뉘엿 지고 있는데 큰언니는 집 입구에 서서 나를 보고 있고 난 동산에서 내려가는데 내가 안 보일 때까지 서 있는 거야. 그게 언니와 마지막이야. 그때 생각하면(목이 멘다.) 지금도 아파. 아홉 살 동생 의지 삼아 언니는 하루라도 연명했던 거야. 형부 시신 본 후로 언니는 끝내 일어나지 못한 거야. 애월은 언니의 마지막 수순 단계였던 것 같아.

서울대 다니던 큰오빠의 행방불명

그때는 며느리를 구하려면 마을별로 도시락 싸서 돌아다녔어. 등짐을 져서 장사하는 사람으로 위장해서 "이 물건 사라"고 말도 걸어보고 하면서 며느리

---

2) 두 역침 사이의 기리로 약 5km

큰오빠 신태영 씨.

감을 구했어. 금성에 사는 큰올케도 그렇게 구한 사람이야. 큰오빠가 대학생일 때 결혼시켰는데 오빠는 계속 공부하느라 서울 후암동에 살았어. 올케언니는 신랑 없는 시집에 있어봐야 일이 너무 많으니까 서울로 가서 영등포 방직(경성방직을 말함)에 다니며 오빠를 만나고 했는데 6·25가 나서 북에서 서울대생들을 몰아갈 때 북으로 가버렸어. 우리 동네에서 간 방직 아가씨들도 전쟁이 터지니까 걸어서 부산까지 와서 제주로 들어왔다고 했어. 큰올케도 그때 우리 집으로 들어왔어. 큰올케는 행방불명된 오빠 기다리며 우리 집 관리를 맡았던 것 같아. 아버지 돌아가시고 둘째 오빠는 폐병 걸렸으니까 한 10년 우리 집 살림 맡아 살다가 애월로 재혼해서 갔지. 동네 사람 통해서 큰오빠가 북에서 제주여성 만나서 자식 3남매 낳아 살고 있다는 소식을 듣고 나서 일거야. 후에 남북교류가 되어 이산가족 신청할 때 우리도 신청했는데 그때마다 오빠는 안 나타났어.

예비검속으로 돌아가신 아버지

아버지가 잡혀가던 날은 아직도 생생해. 1950년 6·25 전쟁 나던 해 여름, 그날은 달이 훤했어. 낮이 길어져 방앗간 일을 7~8시까지 할 때였어. 늦은 저녁을 큰 평상에서 대식구가 몇 파트로 나눠서 먹을 때야. 아버지는 할머니와 겸상을 해서 먹고 있는데 총 멘 순경 두 명이 들어와 아버지를 찾았어. 그 사람들은 아버지에게 "바로 가자"라고 했고 할머니가 막았어.

"무슨 말이요? 지금 밥도 안 먹었는데 밥은 먹고 가야지."
"아, 금방 돌려보낼 겁니다."

그게 마지막이야. 그렇게 될 줄 알았으면 아버지가 도망을 가면 되었을걸. 수감 된 아버지를 어머니가 마지막 찾아간 곳이 한림 바닷가에 있는 수산물 창고(한림수협창고)였어. 거기 대림리 사람 10명이 갇혀 있었어. 한림 귀덕 사람도 몇십 명 되는 것 같았고. 다 똑똑한 사람. 다 괜찮은 집 사람들로만 뽑은 거야. 어머니가 아버지 옷을 갈아입히려고 옷 보따리를 들이려 하니까 면회는 안 된다며 계란 100개를 가져오면 면회를 시켜주겠다는 거야. 그땐 독새기(계란)가 귀했거든. 어머니가 동네 계란을 다 모여서 가져가니 또 100개를 가져오라고 했어. 동네에서도 연구했겠지. 계란 100개를 또 모아 가져가면서 갈아입을 옷을 가져갔어. 옷을 내밀며 입던 옷을 내주라고 하니 그때는 "여기에 없고 모슬포에 있다."는 거야. 거기서 다 총살시킨 것도 나중에야 들었어. 아버지에게 무슨 죄가 있을까? 죄가 있다면 부자인 죄, 똑똑한 죄. 그때 대림리에서 잡아간 사람들은 모두 똑똑하고 잘 사는 사람들이었어. 왜 그런 사람들만 잡아갔을까. 그 동네에서 잘 사는 게 약 오른 사람들이 손가락질했다는 말을 들었어. 마을이 뒤숭숭했지. 나중에 소식 하나를 들었는데 우리 아버지가 죽기 억울해서 총 쏘기 전에 쓰러져버렸는데 나중에 조용해지니까 일어서 나가는 걸 뒤에서 총을 쏘았다고 거기 있었던 사람이 말하더라고. 그러니까 동네 사람들이 연루된 것은 맞아. 동네 사람이 왜 그 장면을 봐? 자긴 그걸 구경한 거지. 흉년 들어 배 곯을 때는 쌀도 빌어가고 석유도 사가고 하던 사람들인데. 어머니는 나중에 그런 이들을 미워하더라고. 우리 집안은 망가지고 그 사람들은 버젓이 돌아다녔으니까.

장마 막 지나고 나중에 소식 들리기를 모슬포 굴에 매장되었다는 거야. 근데 접근을 못했어. 누가 거길 지켰던 모양이라. 그러다가 접근금지 해지되자 시체를 거두러 갔는데 뼈들이 다 섞여 누가 누군지 모르는 중에 우리 아버지 시체는 찾았어. 우리 집에서 일하는 도두리 기술자가 모슬포 어디 갔다가 꿈을 꿨는데 우리 아버지가 나타났대. 그이는 아버지 얼굴을 모르는 사람이었지만 사진에서는 보았지.

"마 편 쪽으로(마파람 부는 쪽으로) 세 번째에 있으니 그리 알아라."

거기를 찾아가니 정말 아버지가 나왔어. 잡혀갈 때 가죽구두를 신었고 삼베 바지를 입고 가죽 허리띠를 했으니 그걸 보고 찾았어. 그래서 그때는 잘 살 때니까 어머니가 정시[3]데려다가 도시락 싸서 땅을 보러 다니더라고. 그래서 아버지는 개인 묘를 했어. 그때 신원이 확인된 몇 사람이 개인 묘를 만들 수 있었어. 나머지는 누가 누군지 몰라 합동으로 묘를 썼고.

섯알오름 학살사건은 한국전쟁 발발한 1950년 8월 20일(음력 7월 7일) 모슬포 경찰서 관내 예비검속자 347명 가운데 195명을 학살한 사건이다. 모슬

---

3) 지관, 묏자리 보는 사람

포경찰서 관내 각 지서에서는 6월과 7월 무고한 농민, 공무원, 마을유지 학생 344명을 모슬포와 한림에 분산 수용해 자의적 판단에 따라 A, B, C, D로 분류하며 예비검속을 실시했다. 그리고 한국전쟁 당시 정부가 대전을 거쳐 대구, 부산으로 퇴각하는 와중에 모슬포 주둔 정부군은 210여명을 집단학살 암매장한 후 시신 수습을 차단키 위해 이 일대의 민간인 출입을 통제하고 군, 경에 의한 경비를 강화했다. 그 뒤 이곳 학살터는 7년 동안 출입금지구역으로 되었고 유족들은 이웃의 질시와 능멸, 그리고 연좌제로 시달렸다. 한림유족들은 1956년 3월 30일 심야를 이용, 시신을 수습해 만뱅디 공동묘역으로 유해를 운구 60위로 맞춰놓고 치아와 유품을 통해 가족으로 확인된 17구는 개인묘역으로 옮기고 43위는 한림읍 명월리 '개꼬리 오름'에 안장했다. 이때 신희자 아버지는 신원이 확인되어 개인묘로 옮겼다. 현재 모슬포 묘역에 132구, 한림 지역 희생자 63명의 시신은 만뱅디 묘역에 안치되어 있다.

화병 난 둘째 오빠

우리 집이 기운 것은 아버지 죽음이 제일 큰 원인이지. 큰언니 가족 쓰러진 거야 감당하는데 아버지가 돌아가시니 뿌리가 뽑혀 온 집안이 흔들려 버리더라고. 오현고 다니던 오빠가 공장을 맡게 돼서 학교를 중퇴했어. 난 초등학교 졸업하고 여중에서 몇 번 입학시키라고 와도 어머니가 안 보냈어. 어머니는 나를 벗 삼아 일하더라고. 새벽에 달뜨면 봉천수 가서 먹는 물 떠다가 항아리 그득히 놔둬야(채워야) 그날 쓸 거니까 어머니는 나를 데리고 다녔어. 옆에서 심부름할 사람이 없어서 나를 의지하고 싶었던 것 같아. 집안이 몰아져(허물어져) 버리니 정신을 못 차리던 때였어.

6·25진쟁이 나고 일주일 만에 언니(둘째 언니)가 광목을 등에 지고 나타났

어. 북한에서 내려와 공장을 차지하니 주인이 없어져버려 봉급도 못 받고 그 대신 광목을 지고 왔더라고. 언니는 큰오빠가 행방불명됐다고 대성통곡을 했어. 서울이 3일 만에 함락당하며 밤중에 다리에 총상을 입고 들어왔는데 다음날 학교로 가서 돌아오지 않았다는 거야. 그때 서울대학생들이 무지 북으로 잡혀갔다는 거야.

둘째 오빠가 점점 성격이 이상해갔어. 난 오빠 옆에 붙어서 물 가져와라, 죽 쒀 오라 하면 바로 예 예 하며 시중을 들었어. 화를 잘 내고 나를 종같이 부리더라고. 나를 부를 때 기운 없는 소리로 "희자야, 희자야…" 부르다 내가 못 알아들어 금방 안 가면 엄하게 눈을 부릅뜨고 무섭게 구는 거야. 내가 지레 겁먹고 벌벌 떠니까 그 이상 벌은 못 주는데 농고 다니는 셋째 오빠가 마당에서 기합 받는 걸 종종 봤지. 오빠가 안방에 와 앉으면 우리는 무서워서 벌벌 떨고. 더 힘들었던 건 어머니를 못살게 굴더라고. 아버지 하나 기둥이 무너지니까 둘째 오빠 학교를 중퇴했는데 몸은 병들어가고 짐이 많아서 화병으로 그런 거야. 그것도 솜공장 운영하느라 스무 살 전에 폐가 나빠졌으니까 성질이 난폭해진 거지. 기침하면 피 가래 나오고 그때는 폐병 걸리면 초약(약초)으로만 한 것 같아. 그때 우리 집 상황이 상당히 위험했던 것 같아.

둘째 오빠가 아프니 방앗간 일은 거의 어머니가 했지. 농고 다닌 셋째 오빠는 주일날이나 방학 때 집에 와서 일을 도왔고. 어머니는 도두리에서 기술자를 불러다 일을 했는데 어머니가 기술자 데리러 가던 날이 생각나. 밤중에 "나 지금 새벽 한 시인데 이제 걸어서 갔다가 오마." 하며 밤길을 나갔어. 버스가 안 다닐 때라 새벽 한 시에 걸어서 도두리까지 갔다 온 거야. 정말 7-8시간 뒤 아침 식사 전에 돌아왔어.

"어머니, 그 먼 길을 어떵(어떻게) 다녀왔어?"
"내리막길은 날아서 가고 오르막길은 뛰면서 다녀왔져."

우리는 그때까지도 부자였으니까 먹고사는 데는 지장 없는데 동네사람들은 기계가 멈추면 그 사람들 식량 떨어지고 생활하는데 목화솜 못하면 지장이 많으니까 둘째 오빠가 돌아간 후에도 계속했어. 그때는 생활이 조금 변해가는 시기였지.

보살이 되라던 친정어머니

어머니는 절간 다니며 모든 정성을 빌었는데. 방앗공장을 하니까 당에도 가더라고. 귀덕 복덕개 설문대할망이 들어오는 곳에 가서 물 떠놓고 상 차려가지고 제를 드렸어. 집안이 계속 쓰러져가니까 굿하려고 밭도 하나 팔았어. 심방(무당) 앞에 가족들 다 놓으면(운세를 보면) 내가 경(그렇게) 나쁘다고 하는 거야. 내가 엄청 고생하겠다고 하니 어머니가 말했어.

"느랑(너는) 결혼하지 말앙(말고) 보살(菩薩, 절에서 살라는 뜻) 돼라."

어느 날은 명월(*한림면 중산간 마을)절간에 데려가더니 내게 돈 주면서 12조왕신에 돈을 올려서 절하라고 하시는 거야. 시키는 대로 절하고 돌아오는 길에 한림성당을 본 거야. 얼핏 들어가 보니 마음이 편안하고 좋은 거야.

"어머니, 나 불교보다는 성당이 마음에 드는데 성당 다니면 안 될까?"
"좋다, 좋다. 경허라(그렇게 해라)."

한림성당 야유회(윗줄 왼쪽 4번째).

어머니는 내가 수녀님이 되도 좋다고 했어. 내 고생을 어떻게든 막고 싶었던 거지. 난 그때까지 진학도 못하고 오빠 간병하며 옆에서 뜨개질을 많이 했어. 그렇게라도 해야 견디니까. 그런 중에도 둘째 오빠가 틈틈이 나에게 알파벳과 방정식을 배워줬어. 그때가 초등학교 졸업한 때인데 볼살이 쏙 빠지고 얼굴이 반쪽 되어 사람 꼴이 말이 아니었나봐. 그래서 동네사람들이 수근 댔어.

"저 희자, 그대로 두면 안 되겠다, 오빠 심부름하다 희자 죽겠다. 아들은 결국 죽을 거니까 희자라도 살려야 한다."

햇빛이 짱짱하던 날, 나는 오빠 간병에 지쳐 난간에 앉아 햇빛 쬐고 있는데 내 꼴이 곧 죽게 생겼나 봐. 결국 어머니가 나를 제주시로 빼돌렸어. 어머니는 그냥 두면 나도 죽을 것 같으니까 결단을 내린 거지.

"나 죄다, 자식들이 무슨 죄냐, 네가 무슨 죄냐, 제주시로 가라."

제주북초등학교 앞에 일본서 살던 선생님이 들어와 양재학원을 차리고 제주시에 양장 붐을 일으켰어. 거기에 이불보따리 하나만 지고 나를 보낸 거야. "희자를 빼돌렸다."라고 둘째 오빠가 엄마를 얼마나 괴롭혔는지 몰라. 집에 와 보면 어머니가 엄청나게 고통받고 있었어. 오빠 성격이 날카로워지니 방애 지다가도(방앗간 일 하다가도) 쌀 고팡(창고) 문 잠가 때리기도 하고. 아버지 죽은 후 오빠의 인생이 확 달라져 버린 거잖아. 무서웠어.

내 적성에 맞았던 양재학원

양재학원에서 배우는 건 재미있었어. 천을 만지고 재단하는 일이 적성에 맞은 거지. 수강생이 한 30명 되었는데 1년 반 정도의 과정이 끝나니까 어머니가 나를 또 서울로 보내더라고. 후암동에 고모님 딸이 살았어. 서울대학교 다니던 큰오빠도 월북하기 전까지 살던 곳인데 거기서 살며 남대문시장 양장점 시다(보조)로 나갔지. 그런데 서울은 벌써 제품집들이 많이 들어서서 양장점이 어렵게 돼 있더라고. 그래서 제품집으로 갔는데 거기서 하는 일이 겨우 실 따는 일이라 더 나은 일자리 찾아서 방직공장이 있는 대구로 내려갔어.

방직으로 몰려간 한림 처녀들

4·3에 산에 폭도 막으라고 젊은 여자들을 보초 세우니까 동네 어머니들이 머

제주에서 올라간 대구방직 친구들.

리를 써서 열 명 이상을 방직회사로 보냈어. 옆 마을 금성리만 해도 그렇게 위험하진 않았는데 우리 동네가 특히 위험하더라고. 그때 한림처녀들이 방직으로 많이 갔어. 둘째 언니도 18세가 되니까 어머니가 보냈고. 어린아이들도 커 가면 보내고. 그때는 집이 가난해서가 아니라 어려워서 보낸 집도 있겠지만 4·3 끝에 마을이 젊은 여성들에게 위험하니까 연줄을 따라 대구로 서울로 보내는 거야. 그 험한 시국에 살아나려고. 그땐 해방으로 4·3으로 6·25로 사회가 어지럽고 난폭해져서 처녀들 밖에 다니기가 위험할 때야. 여자들이 밤길을 걸어 다닐 수가 없었어. 한림처녀들이 갈 때 둘째 올케도 같이 갔다가 6·25전쟁이 나니까 제주에 내려와서 오빠와 결혼했는데 집안일에 공장 일까지 너무 힘드니까 다시 방직에 갔어.

양장점 차리고 야학 다닌 대구시절

대구에 가서 처음에는 원대동에 있는 삼호방직에 들어갔어. 대구 방직이 번성할 때지. 거기서 보조로 일하다가 원대시장 미도파양장점 재봉사로 취직이 됐어. 대구에는 방직 아가씨들이 많았어. 제주에서 온 아가씨들도 많고. 방직 아가씨들이 연줄이 돼서 "양장점 해라, 우리가 밀어주마." 그게 사업 연줄이 된 거지. 또 삼호방직 앞 칠성성당에 다녔는데 거기 신자들도 기반이 되 주었고. 양재를 배웠어도 재단을 착착 못 해. 대구학원에 가서 신식 재단법을 배워서 양장점을 차린 거지. 방직공장 아가씨들이 옷을 잘해 입더라고, 놀러도 잘 가고. 원내시장 가서 옷감 사다가 걸어두고 방직아가씨가 원하는 대로 만들어줬지. 주로 블라우스 치마 맞추고 즈봉(바지)도 맞추고 여름옷감으로 지지미를 많이 찾을 때였지. 깔깔이는 좀 고급이고. 주로 블라우스, 바지, 몸뻬를 맞췄는데 그때는 몸빼도 양장점에서 맞췄어. 일감은 엄청 많아.

대구에서 고향친구들과 송별기념, 맨 윗줄 가운데가 신희자 씨.

　양장점이 잘 되어가니까 배움에 하도 목이 메어서 이젠 밤에 야간고등학교에 들어갔어. 대구 칠성통에는 공부 못하는 아이들 다니는 야간학교가 있었는데 거기 유명한 선생님들이 와서 가르치더라고. 중학과정 건너뛰고 고등과정 다니는데 어느 날 야간학교 갔다 와서 지쳐서 폭 잠이 들었는데 도둑이 들어 물건들을 다 가져가 버렸어. 옷 재단해 잘라둔 것까지 모두 가져가버렸어. 군인 가족들이 군복을 뜯어서 그걸로 뒤집어 바지 만들어달라고 할 때야. 그렇게 다들 못 살았어. 그때부터 내가 헤매어버린 거지.
　그때 둘째 오빠가 긴긴 편지를 보내왔어. 희자야, 내가 잘못이 많다 집에 들어와라, 뜨개질로 짠 옷을 보면 늘 너 생각이 난다, 내가 양장점 차려주마, 10장에 걸쳐 편지를 썼는데 눈물이 나게 쓴 거야. 그 편지 읽고 22세에 고향으로 돌아왔어. 그 후로는 미싱도 오빠가 다 사주고 그렇게 잘해주더라고. 오빠는 문학을 할 사람이었어. 유품을 정리하는데 궤(櫃) 안에는 원고지가 수북히 들어 있었다고 해. 소설 습작한 원고를 내가 갖고 있었는데 사는 데 바쁘다 보니 잃어버렸어.

한림 최초의 양장점

  제주에 와서 내가 양장점 차릴 때가 1960년대 초반이었지. 양장점은 내가 한림면에서 최초였어. 그때는 모두 치마저고리 입을 때라 아무도 양복 바느질을 못할 때였어. 즈봉(바지)은 상놈들이나 입는 걸로 알 때였지. 옷감은 목포배 타서 대구 원대시장 가서 직접 사 왔어. 거기 가면 온갖 직물이 다 나와. 겨울 옷감은 뭐니 뭐니 해도 모가 최고지. 다른 계절엔 나이롱(나일론)이 대유행할 때라 육지에서 방직아가씨가 나이롱 옷 해 입으면 와~~했어. 불에 놓으면 보르륵(후다닥) 타 녹아버리는 천. 처음에는 블라우스, 바지, 몸뻬를 주로 하다가 차차 원피스 투피스를 만들었어.

  그런데 험한 시절은 갔어도 여전히 남자들이 무서웠어. 덩치 크고 힘센 남자들 보면 무서워 죽겠어. 걷고 있으면 뒤에서 안아버리고. 아는 오빠를 보디가드로 의지해서 지냈는데 점점 수녀가 되고 싶은 거야. 그래서 친구 2명과 수녀원에 들어갔어. 광주에 있는 까리따스 수녀원인데 고등학교 선생님들 배출하고 하는 좀 높은 곳이었어. 수녀 예비교육으로 한 달 피정해서 적성 보고 맞으면 들어가고 아니면 빠지는데 나만 빠졌어. 꽉 막힌 갇힌 생활은 또 강박관념이 있어가지고 안 맞더라고. 그러다 보니 결혼이 늦어진 거야.

  결혼은 27세에 했어. 내게 대시하는(접근하는) 사람은 많지만 남자들은 거칠고 무섭고 음흉하게만 보이더라고. 대구에서 양장점 할 때도 따라다니던 사람이 있었는데 헌병대에 근무하는 사람이었어. 난 강한 사람이 싫었어.

한림성당에서 올린 결혼가족사진.

우리 어머니(시어머니)가 일본에서 고등교육 받은 어른으로 한림성당 전도회장이었어. 나를 점찍어 막둥이 아들을 소개했는데 회장님 아들이면 괜찮겠다 싶었지. 그때는 정에 끌리거나 사귀어서 결혼하던 시대가 아니었으니까 성당사람들 말처럼 회장님 보고 결혼한 셈이지. 어머니가 시집 식구 8형제 중에서 제일 순둥이라고 자랑했는데 웬걸, 말도 못 하게 폭삭 고생했어.

양장점은 한 6년 하다가 결혼하면서 치워버렸지, 남편 뒷바라지하고 아이 키워야 하니까. 그때 돈 6만 5천 원 받고 팔았는데 그때가 1968년쯤이니까 초가집이 10만 원이면 살 때였어. 그 돈에 조금 보태면 집 한 채 사겠네 했는데 남편이 서무과에 있으면서 공금을 막 쓴 거야. 감사 들어올 때니까 남편이 그 돈 좀 빌려주면 감사 끝나고 가져온다고 했는데 그게 마지막이 된 거야. 그다음부터는 집 없이 새 빠지게 고생했어. 남의 집 빌려 살면 년 세가 50만 원도 되고 100만 원도 되고 시댁은 8남매인데 시댁도 시어머니가 계하다 파산해서 집이 날아간 상태였고. 그러니 거기도 밑바닥, 우리도 밑바닥이야.

남편이 이시돌 목장의 서무담당으로 직원들 월급도 주고 하는 역할을 했는데 임피제 신부님과 자꾸 부딪치게 되었어. 그때 임신부님은 이시돌 목장을 지으려고 외국에서 목재를 들여왔는데 이게 자꾸 도둑맞는 거야. 남편은 임신부님의 재산을 지켜줘야 하니까 자꾸 마찰이 생기는 거지. 그땐 나무 도둑질도 많았어. 임신부님 밑에서 10년 일하며 사표를 여러 번 냈어. 세 번째 목재 도둑맞을 때에는 할 수 없이 사표가 수리 됐어. 그 후 무진[4]에 총무로 들어가서 돈을 모집하고 그랬는데 나중에는 무진이 망했어. 부도가 나면 같이 망해야 하는데 우리는 거지가 되고 동업자는 부자가 됐더라고. 친구와 건축일도 하였는데

---

4) 은행이 일반화되기 전에 있던 일종의 상호 신용계

본인이 벌어오는 것은 없는 거야. 남 도와주기 바쁘고. 실속이 없어. 그래서 남들은 인정 있다고 다 좋아해. 지금도 남편은 그게 자존심이라.(웃음) 내가 60세에 집을 지었으니까 남의 집살이를…이사를 19번 했을 거야. 그래서 다시 양장점을 한 거야.

남편과는 동창이야. 남편은 제주4·3과 6·25전쟁 때 굴에서 지낸 사람이야. 이 사람은 부모가 일본서 들어와 이층집 지어 스무 살 전까지는 고생 안 하고 살았는데 은행이 없을 때 어머니가 계주[5]를 했어. 그러다 계원들이 돈 먹고 도망가 버리니까 파산해서 집이 날아갔어. 남편이 그때 부아가 나서 "될 대로 돼라."가 돼버린 것 같아. 군대 지원해서 해병대로 갔는데 거기서 술을 잘못 배운 거야. 술 먹으면 깡패가 되더라고. 심성은 착해. 그러나 술 먹으면 돌아버려. 남편 집안이 4·3 때 대한청년단과 서북청년단 같은 단체들과 같이 뭐를 했던 것 같아. 남편 부모님 대는 그런 것 같아. 내가 사상 때문에 사람을 미워하지는 않는데 무슨 말을 하면 남편은 좀 다른 식으로 얘기해.

남편은 어머니 앞에서는 차렷 경례해. 근데 술만 먹으면 무슨 마귀가 들린 것 같았어. 부수고 날리고, 어찌어찌 환경이 바느질도 못하게 됐어. 내가 삶에 하도 허덕이니까 수녀님이 와서 권유했어.

"베로니카, 여기 와서 산아제한 교육 지도자 해봐."

광주 가서 지도자 교육받고 신자들에게 교육하는 중 내가 임신한 거야. 1년 정도 하다가 신자라서 유산도 못 시키고 그래서 그만두었어. 그때는 인구가 폭

---

5) 경제적 협동조직을 주도하는 사람

한림성당 사람들과 결혼식 사진.

발해서 줄이라고 하는구나 싶었지마는 하나둘 낳으라고 하는 것이 마음에 맞지는 않더라고.

베로니카, 이혼해도 돼

  이제는 보험회사를 다니게 된 거야. 그래서 보험회사를 10년 다녔어. 삼성생명 7년 다니니 흥국생명 소장으로 스카우트되더라고. 그때 낳은 아이가 이제 47세야.
  남편은 시발택시를 하다가 아이를 치어 감옥 갔다 오고 하는 일마다 안 돼서 오십 줄에 사우디(사우디아라비아)를 갔어. 거기서 1년 버니까 수협, 제주은행, 신협, 마을금고 등 은행마다 진 빚을 다 갚았어. 나도 보험 다니며 보태니까 1년 만에 딱 갚아지더라고. 남편이 와보니 빚을 다 갚았으니 자기도 기분이

좋잖아. "이번 갔다 와서는 집사면 되겠다."고 다시 가려고 할 때 남편 친구가 와서 꼬드겼어. 서방을 개떡같이 알아 외국 외국 한다고, 내(남편친구)가 다 키워줄 건데 외국 가지 말라고 했어. 그래서 그 사람 밑에 가서 아파트 공사도 하고 했지만 안 되더라고. 공사는 받았지만 이 사람은 성품이 직원 챙겨줘야지 친구인 사장 챙겨줘야지 하다 보면 자기 소득은 없어.

어느 날 하도 갑갑하길래 십자가 앞에서 한없이 기도하다가 십자가에 박힌 예수님 손등 구멍을 보게 됐어. 그 못이 손등뼈에 박힐 때의 고통을 생각하다가 '아. 내 고통은 아무것도 아니구나, 더한 고통도 이겨 내야 되겠다.' 하는데 그 시간이 한 3-4시간 된 모양이야. 길 신부님이 나를 보더니 부르시는 거야.

"베로니카, 이혼해도 돼. 너무 고생하지 마. 못 견디게 그렇게 살 필요 없어."
"신부님, 괜찮아요. 예수님 앞에서 기도하는데 십자가에 못 박힌 그 고통만큼은 안 아프니까요."

내가 이래도 살고 저래도 살고 하니까 너무 그렇게 고생하지 말라고 성당 계율이 이혼하면 안 된다고 해서 내가 이혼 못하는 줄 아셨나 보더라고.

오죽하면 나도 일본 갔어. 보험회사 나와서 쉰(50세) 될 때 요코하마에 갔어. 거기 가면 환율이 높잖아. 남편이 사업해도 70만 원 집세를 못 내길래 내가 슬쩍 말했어.

"게문(그러면) 어떻게 하나. 보험도 치웠고(그만둬 버렸고) 내가 일본 가서 돈 벌어 올까."

남편이 아무 말도 안 해, 조용하는 거야. 그래서 아이 다섯 명 놔두고 일본 간 거야. 그게 무슨 될 법이나 한 일이냐고. 큰애가 대학 가고 둘째 셋째는 고등학생 막내가 초등학교 3학년 때였어. 큰딸에게 1만 얼마를 딱 적어서 줬어. "아버지께 돈 타서 쓰되 정 궁할 때만 이 돈을 써라." 부탁하고 갔는데 큰딸이 천생 여자야. 아이가 그만 너무 부담이 되니까 질려서 아파버린 거야. 제주대학병원에 입원했어. 둘째는 자기가 주인 돼 보니까 동생들 챙겨야지, 부담이 엄청난 거야. 경허난(그래서) 집에서 도망가 버렸어, 가출한 거야. 셋째가 초등 6학년 때인데 야무지더라고, 이젠 걔를 부렸어. 하루에 두 번 동전 딱 놓고 아침저녁으로 전화했어. 동전 달가닥 내려가면 간단히 묻는 거야.

"무슨 일 없어?"

7개월 만에 집에 왔어. 일본서 번 돈으로 집세도 물고. 그런데 집안 꼴이 뭐가 됐겠어? 나 있을 때는 아들이 경(그렇게) 똑똑하더라고. '쟤는 나 없어도 되겠구나.' 싶어 갔는데 아이가 헤매고 돌아다니며 방황을 엄청 한 거야. 아들 담임 선생님 만나니까 내 손을 탁 잡으며

"아이고, 동현이 어머니, 절대로 어디 가지 맙서(마세요). 동현이가 헤매는 걸 보니 안 되컵디다게(안 되겠습디다)."

오충완 선생님, 잊어버려지지도 안 해. 그래서 딱 정리하고 들어오니까 애 성적이 싹 올라가는 거야. 안정감이 있으니까. 그렇게 이 남편이 계속 헤매는 생활을 만들더라고. 자기 가족은 못 챙기고 님의 가족은 챙기고.

양장점에서 '전통인 한복집'으로

일본에서 돌아와 다시 양장점을 시작했어. 그때는 폐지됐던 교복이 부활되어 집에서 교복을 만들게 되었어. 서섯동산에 '코스모스 양장점'이란 간판을 걸고. 그런데 기성복 시대가 다가온 거야. 그때는 여성학원에 가서 이공자 선생님에게 한복 만드는 법 1년 배우고 한복점 차려버렸지.

양장이나 한복이나 어렵긴 다 마찬가지인데 한복은 한 땀 한 땀 하는 거니까 한 땀이 틀리면 옷이 틀어져버려, 그만큼 한복이 더 섬세하지. '전통인 한복' 상호로 50세부터 시작해서 지금까지 30년 째 하고 있어. 나는 한림에서 하고 같은 상호로 제주시에서는 딸이 하고 있어.

난 남편이 돈 안 벌어다 주는 건 생각 안 해. 술 마시고 회장만(빙빙 돌지만) 않았으면 깡패 짓만 안 했으면 무엇보다 아이들 힘들게만 안 했으면, 그게 젤

북제주군 새마을어머니회 합창단, 윗줄 왼쪽에서 네 번째, 1974년.

가슴이 아파. 제일 못 견딘 것은 아이들을 못 자게 하는 거야. 자다가도 일어나서 차렷 경례시키고 그럴 때는 내가 못 막아. 술 먹을 때는 상대를 하면 안 돼. 무슨 일이 벌어질지 모르니까. 사람이 아니고 무슨 마귀 같애. 난 친정에서 오빠네도 이웃도 술 먹고 그러는 걸 못 봤거든. 오죽하면 시어머니도 "두 불 아비(아버지가 둘) 생긴다는 말이 저 말이구나." 했어. 어느 날인가는 밤새 아이들 잠 못 자게 고생시켜 놓고는 5시쯤 되어 밝아가니 자기(남편)는 침대에서 자는 거야. 두어 시간밖에 못 잔 아이들을 깨워서 학교에 보냈어.

보험회사 다닐 때니까 세수하고 출근하려는데 내가 확 도는 거야. 울컥하니 부아가 올라와 참지 못하겠어. 세숫물을 자는 남편 얼굴에 확 지쳐버렸어. 남편은 이 여자가 나를 죽이려고 한다며 내 목을 꽉 잡는데 죽겠더라고. 그때까지 난 반항 한 번 못해보고 살았거든.

그 후 남편이 미안해지니까 마음에 없으면서도 먼저 이혼하자고 할 때 내가 적극적으로 "합시다." 하며 앞서가니까 풀이 죽으며 차츰차츰 달라졌어. 성당 피정하면서 달라지고 '에이미' 하면서 달라지고 나중에는 아버지신도 회장까지 했잖아.

친정어머니는 남편 비위 맞추라고만 했어. 난 그걸 못해. 알랑방귀 뀌는 걸 못 해. 어머니가 집에 왔다가 그 광경을 봤어.

"희자야, 비위 맞춰 블라(버리렴) 비위 맞춰 블라."

어머니는 비위만 맞추면 해결된다고 비위 맞추라고만 했어. 어느 정도인지를 모르는 거지. 어머니가 80세 넘으니 외로워서 "나 너하고 살면 안 돼커냐(되겠니)!"해서 같이 살 땐데 그 상황이 벌어질 거야.

남편과 신부님 함께, 70대.

"어머니 오빠네 집 가서 한 달만 살다 오십서. 나 할일이 서부난(있어서)."

그렇게 가서 못 돌아오시고 돌아갔어. 친정어머니 생각하면 막 아파. 시어머니도 말년에 나한테 와서 삶을 마무리하겠다고 해서 나와 같이 살다가 돌아가셨는데 그때 한복집 할 때라 엄청 바빴어. 아침에 난 일 나가야 되니까 냉콩국물 만 들어두고 가면 어머니가 그 물에 밥 말아먹고, 그 생각 하면 미안하고 죄송하지.

연좌제에 정신병을 앓았던 셋째 오빠

우리 집이 기운 것은 무엇보다 아버지 죽음 때문이지. 이어서 큰오빠의 행방불명도 한몫했고. 둘째 오빠도 그리됐지만 셋째 오빠도 맘고생이 많았어. 농업학교 나와서 농협 들어갔는데 그때는 시험 보고 진급하는데 1등으로 붙어도 승진 안 시켜 줘. 그 때문에 오빠가 억울해서 병날 뻔했어. 농협에서 승진이 자꾸 막히니까 신경쇠약에 걸렸어. 오빠들이 우리 집에 자꾸 누가 얼씬거린다고 하는 짓이 간첩 같다고 대공분실(안기부)에 신고해 거기서 총출

동했는데 간첩인줄 알았던 그 사람이 안기부 직원이었던 일도 있었어. 양장점 하며 내가 서울에 물건 하러 갈 때에도 누가 뒤에서 쫓고 있다고 하더라고. 주위에서 "희자 뒤를 누가 쫓는다."라고 얘기해주는 거야. 셋째 오빠는 하다하다 안 되니까 농협 그만두고 육지로 나가 사업을 시작했는데 잘 나가던 사업이 사기를 당해 또 어려움을 겪었지.

아직도 이해 안 되는 죽음들

이 동네에서는 우리집이 제일 망했어. 이 동네서 우리보다 더 억울한 사람은 없어. 어머니는 일하다가 기계가 고장 나면 소구루마(소가 끄는 마차)에 기계 싣고 제주시 삼성혈 근처로 가서 고쳐왔어. 둘째 오빠가 몸이 아파 농사를 못 지으니까 정미소를 크게 확장시키려 밭도 팔고 했는데 결국은 무리가 돼서 삽시간에 집안이 와르르 무너지는 것을 내 눈으로 봤지. 큰올케가 집안의 버팀목이 돼 주었는데 마음대로 하고 싶은 둘째 오빠와 갈등이 많았지. 큰올케에게 재가하라고 왜 이 집에 있냐고 싸웠지. 큰올케는 무너져가는 집안에서 우리를 지켜주려고 했어. 큰올케가 재가해서 나간 후 우리 집은 더 걷잡을 수 없게 된 것 같아.

생각해 보면 폭도에 연루된 사람들이 일본에 많이 간 것 같아. 어릴 때 생각에는 '도망간 사람이 폭도인가?' 싶기도 하고. 난 지서장으로 있다 찔려 죽은 형부가 어떤 죽음인지 그게 궁금해, 이것 좀 알아봐 줘[6].무슨 자료가 있을까? 12 지서를 한꺼번에 습격할 때 돌아가셨는데 형부네는 다 돌아가셔서 신

---

6) 조사한 바로 장인빈 씨는 곽지리 희생자 명단에 올라 있었다. 보증인은 동네사람들로 1950년 12월 27일 군인에게 죽은 것으로 기재되어 있다. 날짜도 안 맞고 피해 사실도 다르다. 직계 가족이 없이 동네 사람들이 대신 올렸을 때 종종 이러 오류를 빚는다.

셋째 오빠와 한림식당에서(2023.10.).

고할 사람도 없었을 거야. 나중에 서류라도 낼 사람이 없었을 것 같아. 남은 형제는 이복이고. 형부 하나 낳고 돌아가셔서 새엄마가 들어와서 살았다고 했으니까.

지금도 가끔 아버지가 왜 돌아가셨을까 생각해 보게 돼. 그 당시 분위기가 산에 간 사람들은 똑똑했으니까 마을에서 똑똑한 사람을 골라내라는 명령이 와서 사살했다고 봐. 똑똑하니까 산과 연관되었을 거라 생각해서 죽였다고 생각해. 아버지가 유지여서 집에 사람들이 모여들고 당시 신문을 보며 지금 북이 쳐들어왔다는 얘기를 해서 어머니가 걱정했다는 얘기는 들었어.

나는 어릴 때는 4·3이 폭도들 때문이라고만 생각했어. 폭도가 총 팡팡 쏘면 잠자다 이웃 밭에 가서 떨면서 잠자다 오고 한 기억이 전부니까.

우리 동네 사람들과 4·3이나 시국 얘기 들어보면 생각이 나하고는 다르더라고. 내가 유튜브나 방송 보면서 중심 잡아 말하면 내가 하는 말이 틀린 얘기라고 하는 사람들이 있어. 나도 이렇게 변화된 것은 글 쓰면서 '태백산맥'(조정래 대하소설)이나 '혼불'(최명희 대하소설) 같은 책도 읽으면서 알게 된 거지, 그 전에는 나도 박근혜, 한국당(보수당) 쪽이었어. 며칠 전에 육지서 온 여자분이 성당 다니는데 독신이고 간호사 했던 분이라는데 정부에서 4·3을 올바로 헤쳐서 바로잡기 위해 지금 200명이 제주에 내려와 있다고 하더라고. 대체 그게 무슨 말이야? 뭘 바로 잡는다는 건지 모르겠어.

70대에 시작한 시와 그림공부

나, 때로 미친년 될 때가 있어. 바느질을 하다가도 옛날 생각하면 북부기(허파)가 올라올 때가 있어. 뭔가 쏟아붓지 않으면 화가 나고 마음에 병이 날 것 같아서 70세부터는 제주대학교에서 수필 강의를 들으며 시와 그림을 시작했지. 그게 인연이 되어 76세에 심리학공부도 시작했는데 심리상담 공부도 내 마음 다스리는 데 많은 도움이 되더라고.

어릴 때 어머니가 실을 길게 늘어뜨리면 엉켜 매듭이 많이 생기잖아. 난 어린 마음에 그걸 똑 잘랐으면 편하겠는데 어머니는 그 매듭을 다 풀게 하셨어. 얽힌 실매듭은 꼭 풀어야 한다고, 그래야 세상사는 데도 풀면서 사

80세에 그린 자화상.

다고 하셨어. 그래서 내 시집 이름도 《바느질 매듭 풀듯》이야. 세월을 엮고 보내는 것, 한 번 사는 아까운 세상이잖아. 허송세월하며 살고 싶지 않아서 뒤늦게 시작한 거야.

〈구술채록 정리 양성자〉

쥐와 고양이, 그리고 열두 살 소녀

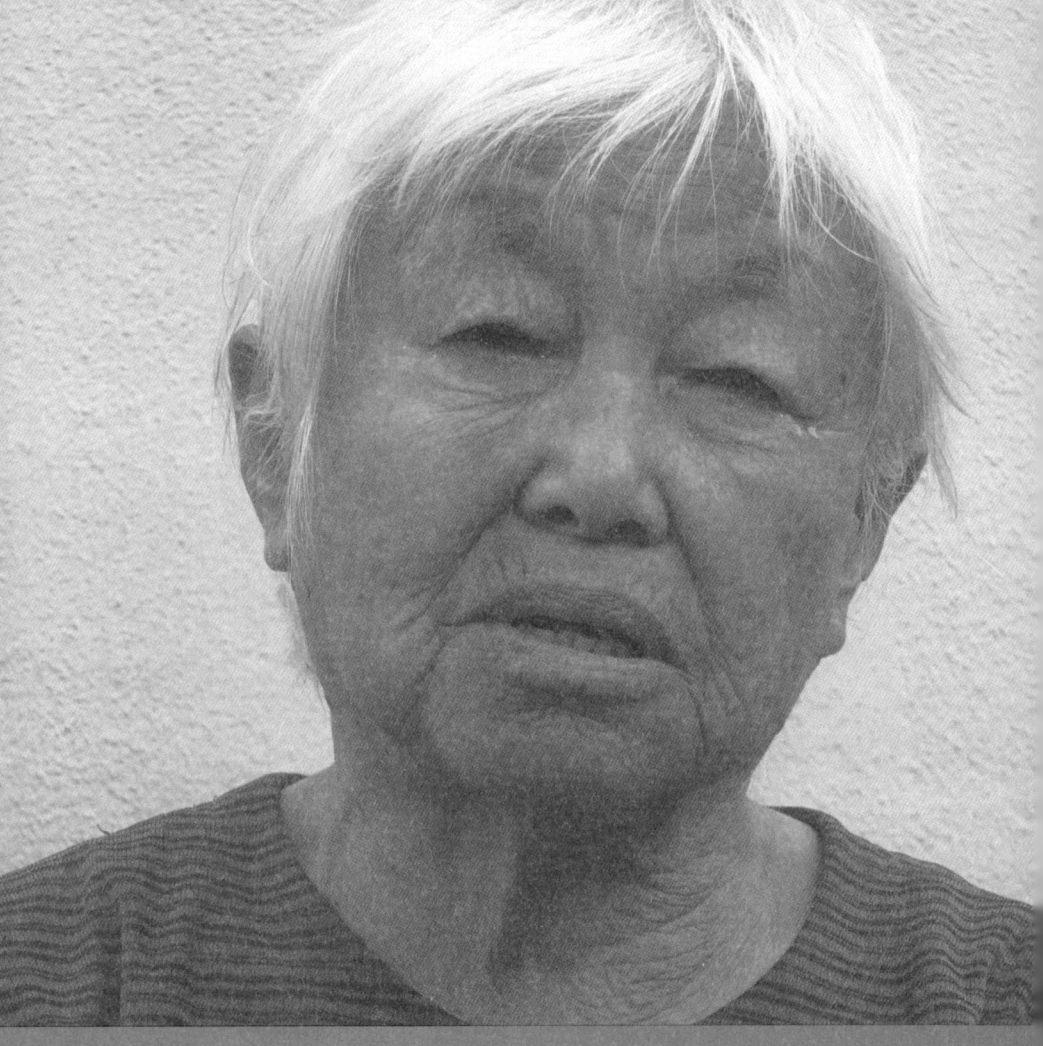

정순희

_1935년생, 중문 강정, 강정리 거주

감히! 우리 집 정낭을 넘지 못 했어

1935년생이야. 4·3 당시에는 12살, 강정에 살았어. 지금 이 집 말고 저 서쪽 동네에. 강정이 1, 2, 3통으로 나눠지는데 그땐 3통에 살았거든. 지금 여기는 2통이고. 원래 식구는 어머니, 아버지, 그리고 딸 넷에 아들 둘, 모두 여덟 명인데, 4·3사건이 터졌을 땐 어머니하고 샛오빠(둘째 오빠), 작은언니, 나 이렇게 네 명뿐이었어. 아버지는 나 일곱 살에 아파서 돌아가셨거든.

아버지가 일찍 돌아가셔도 우린 할아버지가 막 높은 벼슬을 했던 집안이라 사는 건 어렵지 않았어. 아마도 우리 집이 강정 안에서 최고로 큰 집이었을 거야. 그땐 집집마다 대문이 정낭이었잖아. 돌에다가 구멍 세 개 뚫어서 낭(나무) 걸쳐 놓은 정낭. 마을에 심부름하는 사람들이 우리 집 정낭 바깥에 엎드려서 "아뢰올 말씀이 있습니다" 했었어. 우리 정낭 안으로, 집 안으로는 아무나 함부로 들어오지 못했거든. 우리 할아버지가 몰(말) 타서 지나가면 "물렀거라. 정영감 오신다. 물렀거라" 하면서 질(길)도 터주고. 아무래도 우리 할아버지가 막 높은 벼슬을 했던 보양이아. 우리 집엔 몰도 몸이 막 크고 멋진 몰, 안장도 막

크고 높은 안장이 있었어. 농사도 워낙 크게 지어서 곡식, 나룩(벼·쌀)도 큰 맥(망태기)에 담아서 이런 방에 층계 층계 쌓아 올려 슴뿍(듬뿍) 데며놓고(쟁여놓고) 살았어. 돈도 밀가루 푸대(포대)로 하나 가득 있었고. 그땐 지금 같은 종이돈 아니고 쇠돈.

6남매 막내 똘

나는 6남매 막내 똘(딸)이야. 맨 위로 큰언니랑 샛언니(둘째 언니)가 있고 그 다음이 큰오빠랑 샛오빠, 그리고 작은언니, 맨 마지막이 나야. 4·3사건이 터졌을 때 큰언니랑 샛언니는 이미 다 큰 어른이었어. 형제가 여섯이나 되니까 나이 차가 워낙 많았거든. 큰언니는 같은 강정에 살아도 결혼해서 따로 살고 있었고, 샛언니(정정희)는 일본에 있었어. 샛언니는 4·3사건 나기 훨씬 전, 한 열 해쯤 전에 아이들까지 몽땅 데리고 온 식구가 일본으로 갔거든.

우리 큰오빠(정동섭)는 그 시절에 제주읍에서 학교 공부를 했어. 강정에서 우리 큰오빠 또래 중에 농업학교를 나온 건 우리 큰오빠밖에 없을 거야. 이제 같으면 어디 서울대학교라도 한 것처럼. 제주읍에 가서 집 빌엉(빌려서) 살면서 학교를 다니려면 그것도 아무나 못하는 거. 집에 돈이 있어야주. 우리 큰오빠가 소문나게 머리도 좋았지만 우리가 그추룩(그렇게) 부자였어. 나중에 큰오빠는 고향에 돌아와서 강정국민학교 선생으로 조금 다녔는데, 하필 4·3사건이 터진 거야.

처음엔 동네 청년들이 청년단인지 뭔지 만들어서 웅상웅상 몰려다니기 시작했어. 우리 큰오빠한테 함부로 말도 못 붙이던 물명진(미죽은) 것들이 언제부턴가 우리 큰오빠한테 큰소리야. 자기네 편에 들라고! 그놈들이 아무리 쫓아다니고 큰소리를 쳐봐도 우리 큰오빠는 꿈찍도 안 했거든. 그런데 조금 있으니까

도순공립국민학교 제1회 졸업생(1946)_정순희의 샛오빠(정동호)와 남편(이달선) 모두 도순국민학교 1회 졸업생이다.

이젠 말로만이 아니고, 청년들이 자기네 말을 안 듣는 사람은 때리고 잡아가고 하는 거야. 결국 큰오빠는 쫓기듯 일본으로 밀항을 갔어.

그 당시 우리 큰오빠는 결혼도 하고 어린 딸도 하나 있었거든. 그런데 일본 밀항은 혼자만 했어. 밀항하다 걸리면 다 죽을 판인데 처자식을 데리고 갈 수가 있어? 결국 올케언니는 여기서 조금 살다가 다른 사람한테 가버리고. 딸까지 데리고 재가를 하니까 그렇게 남남이 돼버렸지 뭐. 목숨 걸고 어렵게 갔으면 잘이라도 살주만은. 일본으로 간 우리 큰오빠도 제대로 못 살았어. 여기서 호강으로만 살다 보니 일본 가서도 고급으로만 산 모양이야. 일도 안 하고 살았는지 고향 땅만 하나둘 팔아가더니 우리 집안 그 많던 땅을 큰오빠가 다 팔아먹었어. 그래도 살기가 힘들었는지, 나중에는 큰오빠랑 샛언니네 가족들 모두 저쪽(이북)에 넘어가 버렸어. 그렇게 우리 식구가 다 멸망해버린 거야. 나 이런 말 입 밖으로 안 해봤어. 우리 하르방(할아버지·남편)도 몰라. 뭐 자랑이라고 친정 식구들 망한 얘길 하겠어? 지금은 큰오빠도 샛언니도 다 죽었겠지. 지금 살았으면 둘 다 100살은 넘었을 테니까.

샛오빠(정동호)는 열일곱 살이었어. 옛날은 학교를 다 욕아서(철이 들어서) 보냈는지, 샛오빠는 그제야 도순국민학교를 막 졸업했어. 여기 강정국민학교는 3학년까지 밖에 없어서 4학년부터는 도순국민학교에서 공부를 했거든. 작은언니(정옥희)는 샛오빠보다 두 살 어렸으니까 열다섯 살, 나는 작은언니보다 세 살 어렸으니까 열두 살. 그땐 여자들은 학교 가면 안 된다고 공부를 안 시켜줬어. 그래서 작은언니는 학교 근처에도 못 가봤는데, 그래도 막내 똘이라고 나는 학교를 보내준 거야. 강정국민학교 1학년을 마치고 2학년으로 막 올라갈 무렵, 4·3사건이 터졌어.

두린 아이니까 웃을 수도 있지 않허꽈!

우리 샛오빠는 아무 죄 없이, 길에 폭도들이 쌓아놓은 돌 치우러 나갔다 죽었어. 여기 강정 큰 밭에서 청년들 죽은 바로 뒷날. 음력으로 시월 스물 하룻날, 향사(현 강정마을 의례회관) 마당에 마을 사람들 다 모아놓고 청년들만 뽑아다 죽여 버렸거든.[1] 그날 제사하는 집이 스무 집은 더 될 거야. 그 사건 일어난 바로 뒷날이니까 음력으로 10월 22일(1948년 11월 22일). 폭도들이 중문 신작로에 차 지나가지 못하게 돌무더기를 쌓아놨다고, 당장 치우러 나오라는 출역 명령이 떨어졌어.

"나라도 가카(갈까)?"
"느 강 허지 못헌다(너 가서 하지 못한다)."
"게도 강 보쿠다(그래도 가서 보겠습니다). 우리 친구들도 가켄 햄수다(가겠다고 합니다)."

그날 샛오빠는 어머니가 말리는데도 고집을 피우고 나갔어. 샛오빠 또래 아이들만 다섯 명 정도, 강정에서 조금 힘 씀직헌(쓸만한) 남자아이들만 나간 거야. 군복을 입은 서북청년들이 아이들을 제무시(GMC) 트럭에 태워 갔는데 그때만 해도 차가 별로 없었잖아. 차를 타본 적이 없는 아이들이니까 얼마나 신기했겠어? 트럭에 타고 있던 아이 하나가 킥킥킥 웃어분(웃어버린) 모양이야. 그러자 같이 타고 있던 서북청년 군인들이 자기들을 비웃었다면서

---

1) 1948년 11월 21일, 토벌대가 20세 이상 청년들을 향사에 집합시킨 뒤 30여 명을 호명해 서울밧(강정 향사에서 동남쪽으로 약 200m 떨어진 곳에 있던 큰 밭. 서울 사람이 주인이라고 해서 당시 서울밧으로 불림)으로 끌고 가 총살했다. 강정 마을 내 최대 집단 학살 사건이다.

총 대가리(개머리판)로 웃은 아이를 막 모사부렸덴(때려버렸데).

"두린(어린) 아이니까 웃을 수도 있지 않허꽈(않습니까)!"

총 대가리로 하도 두드려 가니까 보다 못해 우리 샛오빠가 입바른 소리를 해버린 거지. 우리 식구들은 누구, 옆에 사람 괴롭히는 걸 보면 그냥 지나치는 성격이 아니거든. 모른 척 하지를 못해.

"넌 뭐냐!"

이젠 우리 샛오빠가 타겟이 돼버린 거야. 서북청년들이 웃은 아이는 내버려 두고 우리 샛오빠를 두드리기 시작했어. 총 대가리로 하도 두드려 가난 얼마나 못 견딜 거? 트럭이 저 하원 다리 넘어갈 때 우리 샛오빠가 다리 아래로 둥그러부렀덴(굴러떨어져 버렸데). 하도 죽어질 거 닮으난 경(그렇게) 해실테주(했겠지). 하원 다리 아래가 송장내라고 작은 골챙이(고랑창)였거든. 크지 않은 내창(내)인데 거기로 떨어졍(떨어져서) 뒹구니까 서북청년들이 총에 이신(있는) 뽀랭이(총알)는 다 쏘았젠(쏘았다고) 해. 골챙이를 빙 둘러서 총 뽀랭이가 떨어질 때까지 쏘아대면, 거기서 살아날 수가 있어? 나중에 트럭에 같이 타고 갔던 아이들이 우리 집에 와서 말해준 거야. 우리 샛오빠는 송장내에서 죽었다고.

"형은 나 때문에 죽엇수다. 나 대신 죽엇수다."

그때 트럭에서 웃은 아이도 결국은 살아왔더라고. 나중에 우리 어머니 앞에서 우리 샛오빠가 자기 때문에 죽었다고 막 울고불고했는데, 그럼 뭐해? 죽은 샛오빠가 살아올 것도 아니고.

죽어서 폭도가 돼버린 샛오빠

우린 샛오빠 시신 수습도 못했어. 처음엔 시신 수습을 하러 갈 수가 없었고, 나중에 갔을 땐 아무것도 없었으니까. 어디 끄서다(끌어다) 던져버렸는지 알 게 뭐야! 시신이 없으니 지금까지도 무덤 하나 없이 행방불명 상태야.

우리 샛오빠를 총 쏘아 죽여 놓고 시신을 못 찾으니까 그놈들은 곧장 우리 집으로 달려왔어. 이만씩 진진헌(길다란) 총을 둘리멘 서북청년 군인늘이 우리 집을 빙 둘러싸는 거야. 그때 우리 집엔 어머니랑 작은언니, 나 이렇게 세 명밖에 없었거든. 어머니가 마흔둘에 나를 낳았으니까, 그때가 쉰네 살쯤 됐을 거야. 할망(할머니) 하나에 어린아이 둘 뿐인데도 그놈들은 우리 집이 무슨 폭도 소굴이나 되는 것처럼 밤낮으로 보초를 섰어. 혹시라도 우리 샛오빠가 어디로 들어 올까 봐, 혹시라도 우리가 집 밖으로 나가서 샛오빠를 만날까 봐, 사람은 커녕 개미 새끼 한 마리 못 다니게 딱! 막아놓은 거지. 며칠 동안 보초를 서 봐도 아무 일도 없잖아. 죽은 사람이 살아올 거야? 결국 분에 못이긴 그놈들은 우리 성제(자매·작은언니와 나)를 잡기 시작하는 거야. 샛오빠만 찾아내라고!

아니, 도대체 우리 샛오빠가 무슨 잘못을 했어? 어디 강 무슨 회의를 한 번 보기를 했나! 사람들 모아놓고 무슨 정치를 한 번 했나! 어린아이 때려 가니까 그거 말린 거뿐이잖아. 그게 죄가 될 거라? 그게 무슨 폭도 짓이야?

열일곱 살이라고 해도 어린아이잖아. 큰큰헌(커다란) 군인 대여섯 명이 모다 들엉(모여들어서) 총 대가리로 두드리면 살아질 거? 달리는 차에서 뛰어 내려다리 아래 내창으로 굴러떨어지면 몸이 성할 리가 있어? 총알이 다 떨어지도록 수십발 총질을 해대면 총알 한 방 안 맞고 멀쩡할 수가 있냐고! 그놈들 말처럼 천지신명이 도와서 살았다고 쳐. 그래도 팔, 다리가 부러지거나 총에 맞거나 했을 거 아니? 그럼 총에 맞은 아이가 뭘 할 수 있겠어? 서북청년 그놈들이 억지를 쓴 거야. 괜히 우리 성제한테 분풀이를 한 거지.

나무 전봇대와 초가집이 즐비한 60년대 강정마을 안길에서 단발머리 정순희.

  나는 지금까지도 우리 샛오빠 소식을 몰라. 살았는지 죽었는지 아무 소식도, 소문도 들어보지 못했어. 아맹해도(아무래도) 죽었으니까 소식이 없는 거겠지. 결혼도 안 해보고 아이로 죽으니까 제사 지내 줄 사람도 하나 없이, 아이고! 죽은 사람만 불쌍하주.

난 서청의 노리개

  어머니랑 작은언니랑 같이 방에 누웠는데, 갑자기 서북청년들이 들어와서는 작은언니랑 나를 끌어내는 거야. 우리 어머니는 샛아들 죽은 것도 억울한데 어린 딸들까지 눈앞에서 끌려가니까 애간장이 다 녹았지 뭐. 작은언니는 법환지서로 나는 강정국민학교로 잡혀갔어. 그때 강정국민학교 앞에 조그만 초가집이 하나 있었거든. 원래 곡식 창고로 쓰던 곳인데 4·3사건이 터지니까 육지서 온 서북청년 군인들이 자기들 마음대로 관사로 쓰고 있었어. 그 초가집에 갇힌 거야. 나 12살 겨울에.

나중에 알게 된 건, 우리 마을 청년 하나가 서북청년들한테 거짓말로 모략을 했다는 거야. 우리 성제가 샛오빠를 숨겨놓고 밥을 날라다 주면서 몰래 질뤔덴(기르고 있다고). 그러니까 서북청년들이 샛오빠 곱은 디(숨은 곳)만 ᄀ르치라고(가리키라고) 우리 성제를 닦달한 거지. 그것도 성제가 같이 있으면 말 맞춰서 거짓말한다고 그 어린 것들을 따로따로 잡아다가. 작은언니도 나도 거의 한 달은 잡혀 있었을 거야.

나는 강정국민학교 초가집에 갇혀 있는 한 달 동안 하루도 안 빼먹고 매일매일 고문을 당했어. 서북청년 군인들한테. 툭툭 건들고, 쿡쿡 찌르고, 이리 둥글리고 저리 둥글리고, 그놈들은 나를 장난감 삼아 갖고 놀았어. 그때 초가집에 잡혀 있는 사람은 나 혼자뿐이었고, 또 어린아이였으니까 얼마나 쉬웠겠어! 얼마나 재미있었겠어!

고문하면서 물어보는 건 딱 하나! 우리 샛오빠 곱은 디만 ᄀ르치라는 거. 밥 날라간 디만 ᄀ르치라는 거야. 절대 모른다고 하면, 그때부터 시작이야. 일단 옷을 다 벳겨(벗겨). 빨개(발가) 벳겨 놓고 네모반듯한 판때기, 문짝 닮은 판때기에 나를 묶는 거야. 팔이고 다리고 가슴이고 온몸을 끈으로 동동 묶어놓고, 거꾸로 세웠다 바로 세웠다 판때기를 빙빙 돌리는 거야. 그러다 실퍼지믄(싫증나면) 고춧가루, 막 매운 고춧가루를 물에 타서 주전자에 담앙 와(넣고 와). 판때기를 거꾸로 세워놓고 고춧가루 탄 물을 내 코에 지르는(붓는) 거야.

내가 입을 꾹 다물고 죽을 만큼 숨을 참고 있으면, 칼 닮은 거로 내 입을 억지로 벌려. 입을 막 억지로 벌려놓고, 이번엔 고춧가루 탄 물을 입에 지르는 거야. 코로 입으로 고춧가루 탄 물을 질러대면 점점 배가 뽕뽕해져. 그러다 숨이 콱! 막히면서 기절하는 거야. 그럼 바게쓰(양동이)에 찰랑찰랑 물을 담아다가 바가지로 자락자락 물을 지쳐(끼얹어). 추운 겨울에 옷 맨드락(홀딱) 벗겨 놓고 찬물을 지치민(끼얹으면) 얼마나 추울 거? 추물락 깨어나면(깜짝 놀라 깨면) 다시 처음부터 시작이야.

대 막댕이(대나무 막대)에 뾰쪽뾰쪽한 쇠꼬쟁이(쇠꼬챙이)를 끼운 걸로 팔, 다리, 가슴, 닥치는 대로 아무 데나 콱콱 찔러대고 쑤셔대다가 찌릭찌릭 전기 고문을 하는 거야. 판때기에 팔, 다리 묶어 논 채로 찌릭찌릭 전기를 주면 묶인 살이 다 까져. 피가 나다 나중엔 비글비글 궤서(곪아서) 고름이 질질 했다니까.

아이고! 말로 다 못 해. 두린 나한테도 그렇게 했으니, 어른들은 오죽했겠어? 그놈들은 순전히 재미로 한 거야. 전기고문하다 버치면(힘에 겨우면) 물고문하고, 물고문하다 버치면 전기고문하고, 고문하다 버치면 때리고. 초가집 군인들은 어린애 하나를 노리개 삼은 거야. 그땐 서북청년들이 왕이었잖아. 그놈들한테 당했다는 말, 입도 벙끗 못했어. 아이고! 목숨이 몇 개라? 우리 하르방(남편)도 모르고 우리 아들도 몰라. 우리 손지(손주)도 모르고. 아무도 몰라. 창피하게 이런 말을 누구한테 할 거라!

온 몸에 새겨진 고문의 기억

나는 지금까지도 두 다리에 판때기에 묶였던 자국이, 금(선)이 그서져(그어져) 있어. 아맹해도 철사로 묶었던 거 같아. 피 안 통하게 꽉 묶어놓고 전기 고문을 했으니, 살이 다 녹아버린 거주. 치료라도 제대로 해 줬으면 이 고생은 안할 거 아니? 한 달 후에 풀려나면 뭐 해! 집 밖을 나갈 수가 있나? 병원이 있나? 피고름 질질 나는 거 그냥 놔두니까 다 썩어서 다 흉이고, 다 상처주.

 게난, 것도 좋아(그러니까, 그것도 괜찮아). 판때기에 묶어서 거꾸로 휙휙 돌리면 판때기가 바닥에 쾅쾅 찍힐 때마다 내 머리도 판때기에 쿵쿵 찍히는 거야. 쿵! 쿵! 쿵! 쿵! 얼마나 찍어댔으면, 머리가 다 벗어졌어(빠졌어). 벗어진 머리는 나중에도 안 돋아. 아이고! 난 머리카락도 졸바로(제대로) 어시(없이) 살았어.

 게난, 것도 좋아. 아맹해도 고춧가루 탄 물이 다섯 되(1.8ℓ)는 들어있는 주전자라. 고춧가루 탄 물을 코에 지르다, 쇠꼬쟁이 닮은 거로 이빨을 억지로 벌려서 입에도 질렀거든. 그때 이 니(이빨)도 두 개나 빠졌어. 난 12살 그때부터

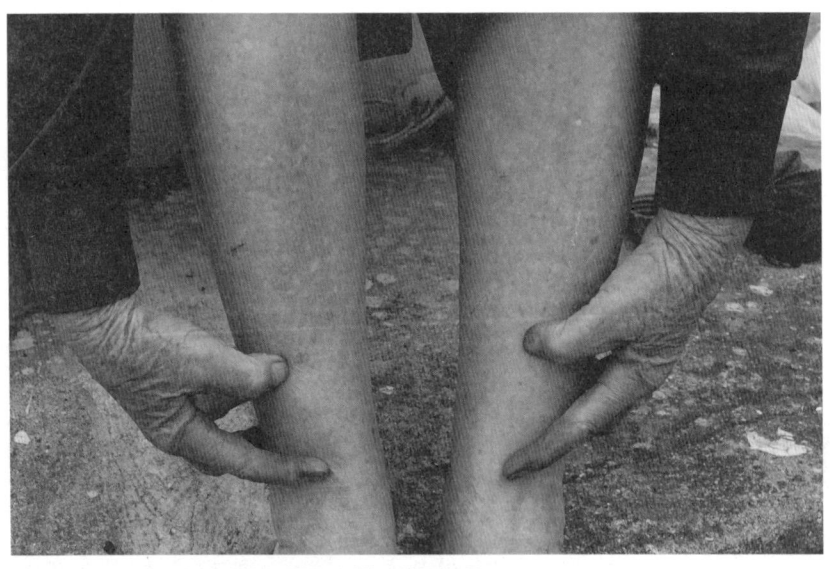

고문 당시 두 다리가 판때기에 묶였던 상황을 설명하고 있는 정순희.

이빨도 두 개나 어시 살았다니까!

　게난, 것도 좋아. 코로 입으로 고춧가루 탄 물을 억지로 지르면 배가 뽕뽕해지거든. 그럼 그놈들이 낄낄대면서 내 배를 꽉꽉 눅드리는(누르는) 거야. 킥! 하고 숨 넘어가는 거 보려고. 아이고! 그때 죽어져시민(죽어졌으면) 좋아실건디(좋았을 텐데). 이꼴 저꼴 안 보고!

　게난, 것도 좋아. 나는 지금 오른쪽 눈도 안 보여. 두 번이나 수술을 해도 소용이 없어. 병원에서는 신경이 죽어버렸다고 하는데 이것도 다 고문 때문이야. 어릴 때 머리를 얼마나 찍어댔으면, 그때 신경이 다 죽어 분 거지.

　놈(남)과 같이 일해도 나만 팔, 다리가 쑤시고 조금만 추워져도 팔, 다리가 저릿저릿 저려서 살 수가 없어. ㅎ쏠(조금)만 신경 써도 머리가 깨지게 아프고. 아이고! 하간 데(온갖 곳) 안 아픈 데가 없주. 몸 아플 때마다 옛날 고문받은 거 생각나고. 경허당 보난(그러다 보니) 평생 잊어불(잊어버릴) 수가 이서?

서청보다 무서웠던 쥐와 고양이

　그때가 한겨울이었잖아. 덮을 걸 하나 줘시카(줬을까). 입을 걸 하나 줘시카. 물 자락자락 지쳐동(끼얹어 놓고) 닦을 걸 하나 줘시카. 홑바랑(홑옷) 하나 겨우 걸친 채로 추운 밤을 지새는 거야. 나중에 보니까, 초가집 방문을 뜯어다가 판때기로 썼더라고. 나를 묶어 놓는 판때기로. 난 초가집에 갇혀 있는 한 달 동안 문도 졸바로 안 달린 방에서 한겨울을 난 거야. 찬바람까지 쌩쌩 들어오니 추워서 살 수가 없어. 밥이 뭐야? 하루에 딱 한 번, 열두 살짜리 손바닥 절반만큼만 밥을 주니까 배가 고파 살 수가 없어. 너무 춥고, 너무 배가 고팠던 그 한 달 동안, 초가집 바깥엔 하얗게 눈이 내렸어.

　그때까지도 난 어머니하고 한 번도 떨어져 본 적이 없었거든. 나 일곱 살에 아버지 돌아가시고 어머니만 붙잡고 살았으니까. 열두 살밖에 안 된 어린아이가 처음 어머니랑 떨어져서 혼자 갇혀 있으니, 환장하게 어머니가 보고파. 밤이 되면, 어머니한테만 가고 싶어 울어지는 거라.

초가집 골방엔 곡식을 담아놓은 항아리가 가득 데며져(쟁여져) 있었어. 옛날엔 곡식을 수확하면 방에 담아놨거든. 지금 같으면 곡식 창고지. 곡식이 데며져 있으면, 이젠 그거 파먹으러 쥐가 오는 거야. 곡식 먹젠(먹으려고) 쥐 살고, 쥐 먹젠 고양이 살고. 쥐도 바글바글 고양이도 바글바글. 아이고! 쥐가 찍! 하면 이젠 그 쥐를 물젠(물려고) 고양이가 파닥파닥! 하는 거야. 항아리고, 바닥이고, 벽이고, 천장이고, 쥐랑 고양이가 온 방을 휘달리는 거지. 그러다 내 머리고, 등이고, 팔이고, 다리고, 온몸을 타고 다녀. 옷도 졸바로 입지 못한 어린아이 몸을 쥐랑 고양이가 타닥타닥! 휘젓고 다니는 거야. 아이고! 지금도 그 생각만 하면 섬찌근(섬뜩) 해.

아이고! 전깃불이 뭐야? 촛불 하나 없이 깜깜한 방에서 보이는 건 번뜩이는 고양이 눈, 들리는 건 고양이 울음소리뿐이야! 낮엔 고문받느라 초 죽음이고 밤엔 쥐랑 고양이 싸움에 한숨도 못 잤어. 낮엔 서청 노리개, 밤엔 쥐랑 고양이 노리개야. 낮에 고문해대는 서청놈들 보다 깜깜한 밤에 찾아오는 쥐랑 고양이가 더 무서웠다니까!

나도 우리 오빠 보고프우다!

우린 샛오빠가 출역 나간 후 꼴을 못 봤잖아. 그런데도 우리 성제가 샛오빠를 몰래 숨겨두고 밥을 날라가면서 질뢈다고(키운다고)만 하니까 환장할 거 아니? 서북청년들이 샛오빠 숨어있는 데만 ᄀ르치라고 하도 닦달을 해대니까, 나중엔 나도 악에 바쳤어.

"나도 우리 오빠 보고프우다(보고 싶어요). 나 밥 날라 가는 거 본 사람, 그 사람 촟아다 줍써(찾아다 주세요)."

내가 악을 써대니까 서북청년들이 정말로 그 사람을 데려온 거야. 생전 처음 보는 사람이었어. 이만이 키가 큰 남자 어른. 서른 살은 넘어 보였어.

"이 사람 알아보겠냐?"

내 앞에 그 사람을 딱! 세워놓고 서북청년들이 나한테 물어. 난 대답 대신 그 사람한테 확! 달려들었어. 그 사람 모가지에 매달려서 울면서 사정했어.

"제발 フ르쳐 줍써(가리켜 주세요). 나도 우리 오빠 보고프우다. 제발 날 우리 오빠신디(오빠한테) 데려다 줍써."

내가 그 사람 모가지를 붙잡고 떨어지지 않으니까, 서북청년들이 깜짝 놀란 거야. 아마도 쬐끌락현(조그마한) 것이 이상하다고 생각했겠지. 그러더니 서청 놈 하나가 그 사람 귀야지(빰)를 착착 갈기더라고.

"어린애가 이렇게까지 거짓말을 할 수 없다. 너가 거짓말한 거 아니냐!"

열두 살 두린 아이가 겁도 없이, 그런 용기가 어디서 났는지 모르겠어, 쬐끌락해도 내가 당찼었나 봐. 이래 죽으나 고문받다 죽으나 어차피 죽은 목숨! 겁 날 게 뭐야! 그리고 우리 싱제를 한 달 동안이나 잡아둔 거잖아. 우리가 진짜로

쥐와 고양이, 그리고 열두 살 소녀

밥을 날라가면서 샛오빠를 질뤘다면, 그럼 우리 샛오빠는 우리가 갇혀 있던 한 달 동안 굶었을 거 아니? 사람이 한 달을 굶고 어떻게 살아? 서북청년들도 이상하다는 생각이 들었는지, 그놈을 잡아 족치기 시작 했어.

"아, 내가 잘못 봤는가?"

그제서야 어죽미죽 자기가 잘못 본 것 같다고 말하는 거야. 그때 거짓말한 사람이 바로 이 동네 사람이야. 나중에 들으니까 그 사람, 그추룩 다니면서 애먼 사람 여럿 죽였젠(죽였다고) 해. 그 사람 거짓말에 죄 없는 사람만 여럿 죽어 나간 거지.

거짓 모략의 끝, 인과응보

옛날부터 우리 집이 잘살아서 부자로 살아서 그런 모략을 당한 거 같아. 아무것도 없는 집은 모략해 봐야 나올 게 없잖아. 그 사람도 위태로우니까 '이 사람이 뭐 했네, 저 사람이 뭐 했네' 스파이 짓을 한 거겠지. 우리 집안하고는 일면식도 없는 사람인데 어린 우리한테 무슨 억하심정이 있을 리가 없잖아.

4·3사건이 다 끝나고, 그 사람도 강정에서 쭉 살았어. 죽을 때까지도 미안하다는 말 한마디 안 하고. 그렇게 살다 암에 걸려 죽었어. 아이고! 미안은 어느 겨를에(겨를에)…. 아마 어린아이니까, 한 번 본 것뿐이니까, 자기를 알아보지 못할 거라고 생각했을지도 모르지. 하지만, 나는 절대 못 잊어. 그 얼굴을 어떻게 잊어! 바득바득 이가 갈리게 원망스러웠는데.

우연히 길에서라도 마주치게 되면 멀리서 보이기만 해도 섬찌근 했어. 잘못한 것도 없이 움찔움찔해는 거야. 그러다 한번은 내가 요 근처 돌렝이(작은 밭)

천지연폭포 아래서 쌍둥이처럼 닮은 작은언니 정옥희(왼쪽)와 함께.

에서 감자를 파고 있는데, 그 사람이 옛날 말을 꺼내는 거야. 옛날에 자기가 어떻게 하고 뭘 하고 막 잘해진 척 말을 하는데, 순간 신경이 화닥닥! 화가 치밀어 올라.

"너 이놈! 날 몇 번 죽인 놈이 뭐렌(뭐라고) ㄱ람시니(말하고 있냐)! 사람 몇 개 잡아먹은 놈이 뭐 잘했덴(잘했다고) ㄱ람시니!"

돌렝이에 있는 돌멩이란 돌멩이는 다 데끼멍(던지면서) 막 악다구리를 써난. 어린아이니까 그때 일 몰람시카부덴(모르고 있을까 봐), 이녁 몰람시카부덴 했겠지. 아마도 내가 서른 살쯤 됐을 때야. 살면서 딱 한 번! 그때 분풀이해 본 거뿐.

메모루동산 학살터.

　참, 그 사람 각시도 물질하다가 보트에 부딪혀서 죽었어. 우리 강정에서 최고로 물질 잘하던 해녀였는데 물속에서 나올 때 보트가 쳐부난 그냥 죽어부런. 젊을 때, 쉰 살밖에 안 됐을 때야. 그날 우연히 길에서 그 사람 각시를 만나졌어. 나도 물질하러 가는 길이었는데, 그날은 왜 그랬는지 멀쩡히 가다가 갑자기 뒤돌아서면서까지 나를 막 뵈리당(살피다가) 가는 거라. 남편한테 무슨 소리를 들었는지 두 번이나 뒤돌아서면서 나를 뵈리당 가더라고. '무사 날 뵈렴신고(왜 나를 살피는 걸까)?' 이상한 생각이 들었는데, 하필 그날 죽은 거야. 아맹해도 그 사람 남편 때문에 제대로 죽지도 못한 거 아닐까? 자기는 암에 걸려 죽고 부인은 사고로 죽고. 아이고! 부인은 무슨 죄야.
　그러고 보면, 어릴 때 나한테 못된 짓 했던 서북청년 군인들도 이젠 다 죽었겠지? 그때 스물다섯 살만 돼도 이제 살았으면 100살이잖아. 아마, 그놈들은 죽어도 좋은 데 못 갔을 거야.

눈앞에서 총살당한 어머니, 고아가 되다

우리 성제가 샛오빠를 곱져두지(숨겨두지) 않았다는 게 밝혀져도, 우리 성제가 샛오빠한테 밥을 날라가지 않았다는 게 밝혀져도, 서북청년들은 우릴 풀어주지 않아. 처음부터 샛오빠를 찾을 목적이 아니었던 거야. 샛오빠 시신을 찾지 못하니까 우리한테 분풀이를 한 거지. 결국, 우리 식구를 다 죽여 버리려고, 어머니랑 같이 다 죽여 버리려고, 그놈들은 작은언니와 나를 꺼내놨어. 폭도 가족들을 총살하는 날, 나도 언니도 강정국민학교 서녘 밭으로 끌려간 거야. 우린 한 달 만에 어머니를 만나도 "어머니!"하고 품에 안겨볼 겨를도 없었어. 어머니 옆에 조랑조랑 앉아서 복복 털고만 있었어.

"잠깐, 잠깐!"

서북청년 군인들이 막 총을 쏘려는 순간, 누군가 손을 흔들면서 총 쏘는 걸 멈추는 거야. 그 사람이 높은 사람 같았어.

"아니, 이거 너무 하는 거 아니냐! 이 애들은 너무 어리지 않냐!"

그 군인이 우리 성제 손을 심엉(잡아서) 당겨주니까, 그때 어머니랑 같이 죽을 건데 살아난 거야. 그때 죽이려고 세워놓은 사람들 중에 아이들은 작은언니랑 나 둘뿐이었거든. 작은언니랑 나를 빼내 준 다음, 서북청년들은 우리가 보는 앞에서 다다닥! 총을 쏘았어. 우리 어머닌 나 눈 앞에서 죽있이. 우리 눈앞에서 쏘아 죽일 거면 우릴 왜 빼준 거야! 그때 어머니랑 같이 죽었으면 이꼴 저 꼴 안보고 좋았을 거 아니? 그날 강정 사람들 하영(많이) 죽었어. 아들이나 남편이 집에 어신 사람은 다 폭도로 갔젠(갔다고) 하면서 그 부모들을 다 죽여분 거라. 그 할망, 하르방들이 무슨 죄가 있어? 거기가 메모루동산이야. 강정국민학교 서녘 밭. 우리 어머니 제삿날이 동짓달 열엿샛날이니까 열이렛날(1948년 12월 17일) 죽은 거주.[2] 어머니까지 돌아가시고 나니, 이젠 정말 작은언니랑 나 둘만 남은 거야.

서청만큼 무서웠던 강정 청년들

서북청년 군인들에게 잡혀갔다 오니까 이번엔 강정 청년단, 이만씩 헌 청년들이 죽창 들고 우리 집을 빙 에워싸는 거야. 어머니까지 죽어버리고 이젠 작은언니랑 나랑 둘밖에 안 남은 우리 집을, 뭐 볼 게 있다고 밤낮 보초를 서는 건지! 덕분에 우린 집 밖으로 한 발 짝도 나갈 수가 없었어. 그놈들은 보초를 서다 심심하면 불쑥 방 안으로 들어와서는 자고 있는 우리 성제를 발로 툭툭 차.

"야! 폭도새끼, 폭도새끼, 일어나 봐!"

그땐 동네 사람들 모두가 우릴 폭도새끼라고 불렀어. 우리한테 완전히 등을 돌린 거야. 자기네한테 무슨 피해라도 갈까 봐, 역불로(일부러) 더 모질게 했겠

---

2) 1948년 12월 17일, 토벌대가 강정 주민 10여 명을 도피자 가족이라는 이유로 메모루동산에서 총살했다. 희생자는 대부분 60대 전후 노인들이었다.

지. 그땐 그렇게라도 살아야 했으니까. 그래도 우리한테 말이라도 한번 들어봐 (들어보고) 경해시민(그렇게 했으면) 아니 억울허주(억울하지). 매일 얼굴 보고 한 동네서 같이 산 어른들이 어떻게 그럴 수가 있어? 4·3사건 나기 전에는 우리 집에 와서 쑬(쌀)도 뀌가고 음식도 나눠 먹던 사람들이잖아.

8월 맹질(명절) 다가와 가면 집집마다 먹을 게 떨어져. 그럼 마을 사람들이 우리 집에 찾아와서는 닷(다섯) 말, 열 말씩 곡식을 뀌가곤(빌려가곤) 했어. 나중에 수확이 끝나면 한 말(8kg)에 한 되(800g)씩 더 얹어서 가져오고. 이자 쳐서 갚는 거지. 그렇게 곡식을 열 말씩, 스무 말씩 빌려 갔던 사람들이 그 사건 나니까 하나도 안 가져와. 그 해 빌려 간 거 말고 전 해에 빌려 간 것도 안 갚는 거야. 우리가 폭도로 몰리니까 내무리는(무시하는) 거지. 그래도 쑬 달라는 말도 못 해봤어. 무서워서. 고구마도 한 300평 심어서 비장해 둔 거, 나중에 파러 가보니까 하나도 없어. 다 파가버려서. 곡식 눌어논(쌓아둔) 것도 다 가져다 먹어버리고. 우릴 사람 취급했으면 그렇게 했겠어? 소도 얼룩소랑 황부랭이(황소) 두 마리 있었는데 그것도 다 가져가 버리고.

그런데 지금까지도 제일 억울한 건, 옛날에는 집집마다 장물 넣고 된장 넣어 두는 항아리가 있었거든. 그땐 반찬이란 게 없었어. 자리젓하고 멜젓, 된장하고 간장만 담갔다가 그걸 반찬으로 먹었으니까. 우리 어머닌 장도 막 하영 담갔어. 한 열 말쯤 됐을 거야. 우리 식구만 먹는 게 아니고 동네 사람들 다 퍼주면서 같이 먹었으니까. 그런데, 그 장 항아리를 강정 청년들이 돌멩이로 다 모사분(깨버린) 거야. 나는 그게 지금까지도 정말 억울해. 우리 어머니가 담근 그 아까운 장독을 다 깨버리니까 마당이 장물로 번번(가득) 했었어.

강정 청년들은 하다하다 나중엔 우리 집까지 다 뜯어가 버렸어. 그땐 우리 집이 강정에서 제일 좋은 집이었는데 그 좋은 낭 다 뜯어나가 청년단장인지 대장인지 그놈 사는 집을 지은 거야. 최고 좋은 집 최고 좋은 낭이니까 뜯어간 거지. 강정에서 집 뜯어간 건 우리 집뿐이거든. 우리 낭 뜯어다가 지은 집을 사람들은 높은 집이라고 불렀어. 강정 안에서 제일 높은 집이라고. 결국, 4·3사건이 끝나니까 우리한테 남은 게 하나도 없었어. 다 가져가 버리고, 부숴버리고, 뜯어가 버렸으니까.

"그땐 미안했다."

나중에라도 그렇게 말해주는 어른이 한 사람도 없었어. 자기들도 살려니까 어쩔 수 없었다고. 그래도 어린 너네한테는 미안했다고…. 그렇게 말해주는 사람이 단 한 사람만 있었다면 이 가슴에 응어리진 게 좀 풀어졌을까? 우리한테 모질게 했던 사람들은 지들(자기들) 잘났다고 고개 빳빳이 쳐들고 다니고, 우린 잘못한 것도 없이 죄인처럼 다녔어. 난 나한테 폭도새끼라고 욕했던 어른들을 길에서 마주치기라도 하면, 고개도 못 들고 지나갔어. 그 사람들 얼굴 보면 폭도새끼라고 손가락질하고 욕하던 게 떠올라서. 어떤 날은 무섭고, 어떤 날은 화가 나고, 또 어떤 날은 서럽고, 그렇게 살았어. 한 마을에서 한 평생을. 이제와서 이런 말이 무슨 소용이야. 그 사람들 다 죽고 없는데. 나도 이젠 다 됐고(다 살았고).

열세 살, 도세기 새끼를 풀다

나처럼 어린 나이에 고문당한 사람이 또 있어? 고문당한 것도 억울한데 빨갱이, 폭도새끼라고 얼마나 내무렸는지, 말도 못 해. 우리 큰언니가 강정에 살고 있었지만, 심지어 우리 형부가 강정리 이장이었지만, 전혀 의지가 안 됐어.

큰언니는 친정 식구들하고 상관없이 이장 각시로만 살았거든. 혹시라도 친정 식구들 때문에 무슨 피해라도 볼까, 속으로 전전긍긍하면서 남처럼 산 거야. 작은언니랑 내가 서북청년들한테 잡혀갔을 때도, 어머니가 폭도가족으로 몰려 총살당했을 때도, 큰언니는 우릴 찾지 않았어. 그래도 우린 큰언니 원망도 못 해봤어. 괜히 친정하고 얽혔다가 무슨 피해라도 보면 그 원망을, 시댁 원망을 어떡할 거야.

강정 청년들이 우리 집까지 다 뜯어 버린 후에는 작은언니도 나도 더 이상 갈 곳이 없잖아. 어쩔 수 없이 외방에서 온 옆집 아주머니한테 사정해서 그 집 애기업개(업저지)로 들어간 거야. 어떵어떵 밥만 얻어먹으면서 일 년쯤 식모살이를 하다 보니, 사태가 좀 끔끔(잠잠)해 졌어. 그제서야 큰언니가 우릴 부르더라고. 열세 살에 큰언니네 집에 들어가서 스무 살 결혼할 때까지 딱 7년을 산 거야. 큰언니네 머슴으로!

집안일부터 농사일까지, 난 안 해본 일 없이 일만 하고 살았어. 열세 살에 도세기(돼지) 새끼 낳은 거 구덕(바구니)에 졍(짊어지고) 모슬포 장(시장)에 강 풀앙(팔아) 왔으니, 말 다 했지 뭐! 큰언니네 도세기가 새끼 두 마리를 낳았는데, 마침 그때 우리 큰언니도 아기를 낳은 거야. 큰언니가 나한테 모슬포 장에 가서 도세기 새끼를 풀앙 오라고 시키더라고. 열세 살짜리한테. 월평(리)까지만 가면 나를 장에 데리고 가서 같이 풀아 줄 사람이 있다고, 그 사람한테 미리 부탁해뒀으니 도세기만 졍 갔다 오라는 거야. 아이고! 어디 명령이라! 큰언니가 무서워서 감히 못하겠단 소리도 못하고 질구덕(등에 짐을 져 나르는 큰 바구니)에 도세기 새끼 두 마리를 담아 아졍으네(가지고서) 월평(리)을 간 거야. 큰언니가 말한 집을 찾아갔는데 아무도 없어. 그냥 돌아가면 분명 큰언니한테 욕 들어질(듣게 될) 거 뻔하고, 이러지도 저러지도 못하고 있었어.

"나도 좁쏠(좁쌀) 풀러 모슬포 장에 갈 거난(거니까), 우리 집에 강 눴당(잠잤다가) 낼랑(내일) ᄀ치 글라(같이 가게)."

쬐끌락헌 어린아이가 질구덕에 새끼 도세기를 지고 있는 걸 보면 뻔히 아는 거지. 다행히 좁쏠 풀러 가는 할망을 만나서 다음날 모슬포 장까지 무사히 갈 수 있었어.

"도세기 담 위에 올려 놩(놨다가) 둥글민(떨어지면) 죽나(죽어). 질구덕 담 위에 올려 놩 쉬지 말앙(쉬지 말고) 구짝(쭉) 강 오라."

큰언니가 얼마나 맹심(명심)을 시켰는지, 난 질구덕에 새끼 도세기 두 마리 짊어진 채로 한번 쉬지도 못하고 월평(리)에서 모슬포까지 구짝 걸었어. 키도 쬐끄만한 게 얼마나 무겁고 지칠 거라. 그래도 도세기가 금방 풀려서 기분 좋게 돌아오려는데, 그제서야 나를 데리고 도세기 같이 풀아 주기로 부탁받은 사람이 오고 있는 거야. 도세기 세 마리 짊어졍. 결국 그 사람은 자기가 가져온 도세기도 다 못 풀안. 한 마리는 내가 다시 져다 줬다니까. 그때부터가 시작이야. 농사지으면 나룩이영 고구마영 몬딱(모두) 졍 강 풀앙 오는 거야. 서귀포 장에도 가고 모슬포 장에도 가고. 참, 옛날부터 우리 강정을 일강정이라고 했잖아. 원체 물이 좋아노난(좋으니까) 농사를 지으면 곡식이 막 잘됐어. 나룩도 보통 나룩이 아닌 일등 나룩이니까 강정 나룩은 알아 줬거든. 게다가 모슬포는 나룩이 어신 디난(없는 곳이니까) 돈을 하영 받아. 쉐(소)에 쏠 시꼉(실어서) 모슬포 장을 많이도 다녔어.

죽음까지 애석했던 작은언니

작은언니랑 내가 열심히 농사를 지어 준 덕분에 우리 큰언니는 밭도 사고 집도 살 수 있었어. 그런데도 우리한테 10원 한 장 안 준거, 그건 나중까지도 막 애석해 났어. 놈의 집 강 그렇게 일했으면 놉(삯)이라도 잘 받았을 거 아니? 나 이런 말 하면 우리 큰언니, 우리 성제 먹여주고 재워주고 시집까지 보내줬다고 큰 소리 칠 거주만.

작은언니는 우리 마을 예비군 대장 조카한테 시집을 갔어. 4·3때 우리 집 뜯어가던 그 종내기한테 갔는데, 결국 딸 하나 낳고 못살더라고. 작은언니가 첫딸을 낳고 둘째 아기를 가졌을 때, 형부가 죽은 각시(작은 부인·후처)를 얻어서 딴 살림을 차려 분 거야. 우리 언니, 얼마나 기가 막힐 거! 나중에 아기는 낳앙(낳아) 보난(보니) 큰 큰헌 아들. 막 아꼬운(귀여운) 아기였는데 얼마 못 살고 죽어버렸어. 남편은 조합장이라고 이그러진 체(잘난 척) 다니면서 사는 집까지 몬 풀아 먹어 불고. 그래도 남편 이랜, 우리 언니가 보증 선 거 다 물어 가멍(갚아 가면서) 살았는데, 말자

작은언니(정옥희)와 형부(둘째 줄), 그리고 정순희(첫째 줄 왼쪽).

에는(나중에는) 사는 집까지 잼혀(잡혀) 먹으니까 더는 안 살안. 모슬포에 나이 많은 하르방, 애기 한(많은) 하르방신디 재혼행 갔는데, 고생만 고생만 하다가 일흔 살에 일찍 죽었어. 나 눈앞에서.

하루는 모슬포에 사는 언니가 우리 집에 놀러 왔더라고. 나랑 같이 하룻밤을 넹(누워) 자고 뒷날은 강정 바당에 놀러 갔거든. 그런데 깊은 물도 아니고 얕은 물에서 갑자기 심장마비로 죽어 부런. 진짜 거짓말처럼 갑자기 죽어 부런. 그때 순경들이 막 몰려왔었어. 사고로 죽어시카부덴(죽었을까 봐) 조사를 하는 거라.

"너네가 심어당(잡아다가) 몬 두드려 부난, 그때부터 심장도 아프고, 머리도 아프고, 아니 아픈 디(곳) 어시 고생만 허당(하다) 보난 죽은 거 아니냐!"

나보고 작은언니가 어떵 죽었냐고 묻길래, 그때 순경들한테 4·3말 해젼(하게 됐어). 처음으로. 순경 옷 보는 순간 신경질이 확! 나더라고. 너네 때문에 죽었다고. 너네가 어릴 때 잡아다 두드리멍 고문해 부난 평생 아파서 골골하다가 죽었다고! 그건 사실이거든. 우리 작은언니도 고문받아난 후유증으로 하간 데, 안 아픈 데가 없었으니까. 그 고문만 안 받았으면 우리 언니도 좋은 사람 만나서 지금까지 잘살고 있을지도 모르주. 폭도 종내기 소리 안들어 보젠(보려고) 아무것도 안 보고 (시집을) 갔다가, 고생만 한 거야. 고생한 보람도 ᄒ나(하나) 어시, 오래도 못 살고. 세상이 이렇게 바꿔는 것도 못 보고. 4·3 혜택도 ᄒ나 못 받아보고. 혜택이 뭐야? 4·3에 억울한 말, 한마디도 못 해보고 갔잖아. 그땐 4·3 얘기만 꺼내도 어디 잽혀 갈까 무서워 입도 벙끗 못했으니까. 나도 강정국민학교 지날 때마다 옛날 고문받았던 거 생각나도 속 시원하게 하소연 한번 못 해봤거든. 우리 작은언니는 나보다 더했을 거 아니? 나보다 세 살이나 많았으니까. 더 욕았으니까. 아이고! 사는 것도 죽어지게 힘들었는데 죽음까지 경 애석할 건 뭐라!

결혼으로 벗은 폭도 종내기!

나는 스무 살에 군인 강 곧 제대한 사람한테 시집을 갔어. 다 멜라져(무너져)가는 초가집에 여덟 식구 바글바글 이신디. 우리 남편하고 결혼한 이유는 딱 하나! 군대 갔다 온 사람이었기 때문이야. 나보다 두 살 많은 우리 남편은 군인 가서 5년이나 살다 왔거든. 그땐 다른 생각을 할 겨를이 없었어.

'폭도 종내기 소리만 안 들어지믄(안 듣게 되면) 살겠다!'

마을 사람들한테 내무림 안당하고 무시 안당하고 사는 거, 그땐 그 생각뿐이었어. 우리 남편도 강정 사람이니까 우리 집안 내력은 다 알고 있었거든. 그래도 군인하고 결혼하니까 그나마 폭도 종내기 소린 안 듣게 된 거야.

시집을 가자마자 스물한 살에 아기를 낳았어. 첫 아들을. 아기는 너무 아꼬운데 니무 살기기

정순희 남편 이달선. 6·25전쟁 기간인 1950년부터 1954년까지 5년 동안 강원도 11시단 통신부에서 군 생활을 했다.

스무살, 말타고 가마타고 결혼을 하다(1955). 맨 뒷줄 갓 쓴 이가 신랑. 그 옆이 건지머리를 올린 신부 정순희.

힘드니까 더는 아기 낳을 엄두가 안 났어. 그런데 우리 시어멍(시어머니)은 나 시집간 후에 아기를 둘이나 더 낳은 거야. 우리 아들 태어난 후에 한 살 아래 시동생이 태어났고, 3년 후에 태어난 막내 시동생은 오래지 않아 죽어버렸어. 결국 시동생을 내 젖 먹이면서 키웠어. 우리 아들이랑 같이.

우리 남편은 8남매의 장남이야. 밑으로 동생이 일곱이나 있었어. 우리 시어멍이 아기를 열 개 낳았는데 둘이 죽고 여덟이 살았거든. 아무것도 어신 시댁에서 물린(물려받은) 거 ᄒ나 어서도(하나 없어도), 그래도 큰며느리 노릇은 해야 하잖아. 동생 일곱을 거념하면서(돌보면서) 시집 장가 다 보내고 살았으니, 얼마나 고달플 거야. 시부모 봉양하랴 집안 거념하랴 내 삶도 삶이 아니었주. 죽지 못허난(못하니까) 살았어. 잘만 살아졌으면 나도 아기를 더 낳았겠지. 나 또래 중에 아기 하나만 낳은 사람은 거의 없을 걸? 우리 하르방은 이제도 몰람서(모르고 있어). 낳고 싶어도 못 낳은 걸로만 알암주(알고 있지).

결혼해서 처음엔 시댁에서 같이 살았어. 그런데 시댁에 원체 식구가 하니까(많으니까) 어디, 놈 내분(버린) 집 하나 빌어주면서 거기 가서 살라는 거야. 사발(그릇) 다섯 개 내주면서. 그 사발도 나중에 할망 식게(제사) 한다고 몬딱 아져강(가져가서) 다신 안 돌려줬지만. 집이랄 것도 없었어. 놈의 집 밖거리에 쬐끌락헌 구들(방) 하나였으니까. 아무튼 구들에 강 앉으난(앉아 있으니) 주인 할망이 보리 스물 닷 말을 내라는 거라. 집세로. 보리를 세 번 불리고(바람에 날려서 보릿겨를 제거하고) 사흘을 몰령(말려서) 아졍가난(가져가니), 손에 한 줌 쥐엉(쥐고) 확 데끼고(던지고) 또 한 줌 쥐엉 확 데끼는 거야. 두린 때난 깨끗하게 못 해졌는지, 어떵사(어떻게) 해졌는지, 노시(절대) 안 받아줘.

"이거 안 받아주민 뚜신(다음엔) 어성으네(없어서) 못 반습니다. 이거 받아줘사(받아줘야) 됩니다."

그때 주인 할망한테 얼마나 사정했는지 몰라. 잘도잘도(몹시) 사정핸. 난 그때까지 놈한테 사정하는 거 모르고 살았거든. 그때가 처음. 그 집세를 물젠 허난(갚으려고 하니까). 그거 물어두고 나오면서 달달달 털어젼(떨었어). 심장 털어졍 졸바로 걷지도 못 했다니까!

돈 3천 원 빌리지 못 행 집을 못 샀어!

먹고 사는 게 너무 힘이 드니까, 우리 아들이 "엄마, 나 밥 줘" 소리 할 때까지만 참고 살자! 그때까지만 살당(살다가) 기어나져(나가야지)! 기어나져! 그렇게 살아온 게 오늘까지 살아진 거야. 시동생들, 그 아이들 을큰행(측은해서) 못 떠난. 내가 가버리면 그 아이들 굶어 죽으카부덴(죽을까 봐). 하도 못 사난.

난 돈 3천원 꾸지(빌리지) 못행(못해서) 집도 못 샀어. 서귀포 사는 사촌이 논 살 돈 있다고 돈을 빌려주기로 했거든. 낼 아침은 서귀포에 강 그 돈을 빌령 올 거였어. 그땐 통행금지 내릴 때니까, 밤엔 어딜 못 갔거든. 그래서 내일 아침에 갚겠다고, 이 저녁만 돈 3천 원을 꾸렌(빌려달라고) 해도, 아무도 돈을 안 꿔주는 거야. 동네에서 우리 집에 3천 원을 빌려주는 집 하나가 없어. 결국 돈 3천 원 없어서 계약금을 못 준 거 아니? 계약금을 못 주니까, 집을 못 산 거지. 돈 3천 원 없어서 집을 못 샀다고 얘기하면, 지금 아이들이 다 웃어. 우리 손지들도.

"이거 나 어떵 번 돈인 줄 알암디(아느냐)! 점심도 못 먹으멍(먹으면서) 바당

보리쌀 스물 닷 말로 빌린 정순희 부부의 생애 첫 집.

에 강 물질 저물엉(날 저물도록) 허곡(하고), 점심도 못 먹으멍 밭디(밭에) 강 젱일(종일) 일만 허멍(하면서) 번 돈이여."

우리 아들, 우리 손지한테 영(이렇게) ᄀ라봐도(말해봐도) 돈이 얼마나 어려운 건지 알아? 몰람실걸(모르고 있을 거야). 난 돈 3천 원 꾸지 못행 고생해난 거 때문에, '나 손에 돈 어시믄(없으면) 못 사는 거구나!' 그렇게 생각하고 돈을 딱! 줴영(쥐고) 살안. 그 이후부터는 누구신디 돈 10원 꿔도랜(빌려달라고) 해 본 역사가 어서.

그땐 농사 지엉 제일 돈이 되는 게 나룩이었어. 겨울에 쓸 정 풀러 가다 보면 작은 내창을 건너게 돼. 그땐 다리가 어딨어? 냇바닥에 있는 돌 밟으면서 조심조심 건너는데 피들락(삐끗)! 물에 빠져버리민, 그닐은 발 젖은 체로 서귀포까지 모슬포까지 강 쏠을 풀앙 와야 해. 후두내기(대파) 경 강 풀앙 오고, 대산이(마늘) 경 강 풀앙 오고. 근데 나는 프는(파는) 건 진짜 잘했어. 옆에 사람들은 날 어둡도록 다 못 풀앙 고생하는데, 나는 재기(빨리) 풀아. 내꺼 다 풀아지믄 옆이 사람 거 나 앞이 갖다 낳 그거 혼디(같이) 풀아주고. 대파 심엉 벌고, 마늘 심엉 벌고. 야채 장사, 김 장사, 독새기(계란) 장사, 돼지 장사, 안 풀아 본 거 어서.

그렇게 돈 되는 거 풀러 댕기당(다니다) 보난, 어느새 집도 사고 밭도 사고. 시누이가 담보 행 잽혀불민(잡혀버리면) 또시(다시) 사고, 우리 남편 노름 행 놈의 집 문 부숴불민(부숴버리면) 우리 문 뜯어당 달아주고 돈 물어주고. 그렇게 살았어.

놈들처럼 물질이라도 해져시믄!

물질은 결혼한 후에야 했어. 큰언니네 살 때는 눈 뜨면 밭에 가고 장에 갔는데, 어느 져를에 물질을 해? 밤낮 농사만 짓다 보니 바당에 갈 생각은 못 해봤어. 그리고 옛날엔 물질하는 사람을 쳐주지도(생각해주지도) 않았거든. 물보재기. 쌍것들이라고 하면서 좀 천하게, 낮게 봤었어. 물질하면 결혼도 못 한다고 했으니까.

그래도 물질이 돈이 되잖아. 그땐 미역, 톳, 천초(우뭇가사리) 이런 게 돈이 됐으니까. 결혼하고 하도 어려우니까, 돈 되는 건 다 하면서 살았거든. 물보재기가 대수야? 그런데 제라하게(제대로) 해보지도 못했어. 난 상군은 못 되고, 중군쯤 했는데, 바당에만 들어가면 팔, 다리가 저려서 놈들처럼 오래 있지를 못하는 거야. 찬물에 들어가면 팔, 다리가 얼어서 달달달 막 털어져. 그러다 찌릭찌릭 저리기 시작하는 거지. 그때 빨리 주물러서 풀어주지 않으면 나중엔 팔 다리가 뻣뻣해지면서 몸이 굳는 거야. 지금이야 고무 옷 입지만, 그땐 소중이

시부모님과 시동생, 그리고 정순희와 아들(왼쪽), 정순희 아들보다 1년 늦게 태어난 막내 시동생.

하나 입었잖아. 달달달 털어가민(떨고 있으면) 옆에 사람들은 "역불로 터는 거 아니냐!" 하면서 막 웃어. 놈 속도 모르고. 지들은 뻥그랑(멀쩡) 해도 난 어린 때 고문 받아 난 때문인지, 물속에만 들어가면 그렇게 몸이 아팠어.

  결국 물질도 오래는 못했어. 우리 아들 서른 살쯤 됐을 때 설러부런(그만뒀어). 우리 아들이 스물세 살에 결혼해서 손지가 태어났는데, 그 손지가 일곱 살이 나도록 걷지를 못하는 거라. 그 손지만 돌보당 보난 여름내 물질을 못 나간 거야. 물질 60일을 못 채운 거지. 그러자 기다렸다는 듯이 조합에서 자격을 떼부런(박탈해버렸어). "에잇! 물질 안 해도 나 살주!" 그때 그만둔 거야.

끝나지 않는 후유증

  난 태어나서 한 번도 강정을 떠나보지 않았어. 그 지독한 4·3을 겪고도 차마

현 강정초등학교 교정에 세워진 육군소령 서봉호 기념비. 4·3당시 중문에 주둔했던 2연대 특별중대 중대장인 서봉호가 강정국민학교 교실 확장을 위해 한라산 나무 벌목을 허락해줬다는 공로로 마을주민들이 1964년 2월에 건립했다. 서봉호 중대장은 서울밧, 메모루동산 학살 등 강정마을 학살사건의 최고 책임자이자, 중문면 전 지역 학살사건의 최고 지휘관이었다.

강정을 떠날 엄두가 나지 않았어. 나라고 고문받았던 학교 옆에 집 짓고 살면서 매일 같이 학교를 넘어 다니는 게 좋았겠어? 나보고 폭도 종내기라고 욕하던 어른들, 그 어른들 따라서 나하고 놀아주지도 않던 친구들, 그 사람들이랑 매일 얼굴 보면서 한 마을에서 사는 게 좋았겠냐고! 사난 산 거주(사니까 살아진 거지). 갈 데가 없으니까, 먹고 살 데가 없으니까. 집이랑 밭이랑 다 여기 있는데, 이거 두고 어딜 갈 거라? 나만 입 꾹 다물고 살면 되는 거잖아. 그렇게 '다 잊어버리자!' 하면서 살았는데, 강정에 해군기지 사건이 터진 거야. 난 4·3 끝나고 폭도새끼라는 소리를 뜨시(다시) 들을 줄은 정말 몰랐어.

강정에 해군기지 들어올 때, 그때가 4·3이랑 꼭 마찬가지였어. 우리 아들이 제일 먼저 찬성에 손을 드는 바람에, 해군기지 찬성하는 쪽 대장 역할을 하게 됐어. 자연히 반대하는 쪽 사람들하고 마찰이 생긴 거야. 그때부터 동네 사람들은 우리 가족을 사람 취급을 안 했어. 우리하고는 말도 안 섞어. 우리 지나가면 뒤에서 수군수군거리고, 노인회에 가도 끼워주질 않았어. 밤 12시 넘어 웅성웅성 우리 집을 빙 에워싸더니, 후레쉬 불 비추면서 우리 아들 나오라고 닦달하고. 그 순간, '아! 옛날 사람들이 왔구나!' 4·3때 생각이 번뜩 든 거야. 서북청년 군인들, 강정 청년들, 그 사람들이 다시 온 줄 알았다니까!

나는 지금도 깜깜한 밤이면 타닥타닥! 쥐랑 고양이가 내 몸을 휘젓고 다닐 것만 같아. 조금만 바스락거리는 소리에도 잠이 깨. 창밖으로 조그만 불빛이 들어와도 잠이 깨버려. 그래서 지금 이 집으로 이사를 온 거야. 여긴 골목 안으로 쑥 들어온 데니까 바깥에 차다니는 소리도, 사람 발자국 소리도 안 들리고, 가로등 불빛도 안 들어오거든. 이렇게 조용한 데가 아니면 잠을 못 자니까 어쩔 수 없어. 마을 입구 사거리에 있는 좋은 집 놔두고, 과수원 안에 조그만 창고 집 짓고 사는 거야.

젊을 때부터 잠을 통 못 자니까 서귀포에 이름난 병원은 다 찾아다닌 것 같아. 병원에서는 망상에 신경성이라고만 하더라고. 정신과 약도 먹어보고 신경과 약도 먹어봐도 아무 소용이 없어. 독한 약만 한 줌씩 먹으려니 위만 아프지. 잠자는 약 타당 먹어봐도 그때뿐이고. 한두 시간 잠들면 그나마 잘 잔 거. 잠을 제대로 못 자니까 머리만 아프고. 평생 두통도 사라지지 않아.

머리만 아프면 그나마 다행이주. 나는 지금 오른쪽 눈도 안 보여. 두 번이나 수술을 해봐도 소용이 없어. 왼쪽 눈도 한번 수술하고. 병원에서는 신경이 끊어졌다고 하는데, 이게 다 고문 때문이지 뭐. 어린 살에 전기취조를 당했는데, 신경이라고 온전할 리가 있겠어? 거꾸로 매달아 놓고 머리를 쿵쿵 찍어댔는데, 그 충격이 머리에민 갔겠냐고! 당연히 눈에도 갔겠지! 그래도 어릴 때 조금은 보였는데 차츰 안보이기 시작하더니, 지금은 하나도 못 봐. 한쪽 눈 못 보니까 물질도 제대로 못 한 거야.

　게다가, 세월이 이렇게 흘렀는데도 고양이는 지금도 무서워. 길에 지나가는 고양이만 봐도 옛날 생각이 확! 떠올라서 소름 끼치거든. 여긴 촌이라서 집 어신 고양이들이 막 하주게(많거든). 우리 집 마당에 주왁주왁 고양이 들어와 가믄 바가쓰에 물 담아당 확 지쳐서 쫓아버려. 그것들은 배롱이 쳐다만 보고 잘 안 가거든. 나는 고양이 오카부덴(올까봐) 마당에 음식물 이런 것도 안 놔둬. 아이고! 고양이 말만 해도 썸찌근 해!

후유장애 불인정,
나처럼 억울한 사람은 세상 아래 엇수다

　내가 여든한 살 됐을 때야. 동네 할망들이 4·3에 피해 본 사람들은 돈이 나온다는 거야. 4·3에서. 그래서 동사무소에 찾아갔어. 4·3에서 돈 나오는 거 신청하러 왔다고 하니까, 그때 동사무소 직원 아이가 어디로 전화를 하더라고. 그러더니 내 이름이 올라가 있지 않아서 해당이 없다고, 돈을 못 준다는 거야. 이름이 안 올라갔으면 새로 올려주면 되잖아? 새로 신고를 받아주라고 해도 노시 안 된다고만 해. 나는 해당이 없다고!

　나는 지금까지도 팔이고 다리고 고문 받아난 흔적이 이렇게 남아 있잖아. 고문 때문에 밤에 잠도 못 자고, 머리도 아프고, 팔, 다리도 저리고, 눈도 한 짝 안 보이고, 더 이상 무슨 피해를 얼마나 더 봐야 하는 거야? 나는 왜 해당이 없다고만 하는 거야?

　나는 (후유장애) 인정을 안 해주면서, 한번 잡혀가 보지도 않고, 고문도 안 받아 본 할망들은 흐쑬도 어떵 안 해도 돈도 자락자락 주고(퍼주고). 혜택도 주고.

2018년 4·3 70주년에 '4·3어버이상'을 받다.

(생존희생자 위로 행사에) 가족들 다 불러다가 호텔에서 노래 부르고 춤추면서 놀고. 이건 완전 잘못된 거 아냐?

　나야 이젠 다 된 사람이고 이제까지도 그냥 살았으니까 그 돈 안 줘도 상관없어. 하지만, 나 억울한 건 풀어줘야 하잖아. 어떻게 열두 살 그 어린 걸 잡아다 고문해놓고 그걸 인정을 안 하냐고! 4·3에서가 인정을 안 해주면, 다른 사람들이 그걸 어떻게 믿어? 요즘 사람들, 4·3을 모르잖아. 우리 아들도, 손지도 모르는데. 그 지독한 사건을 겪어보지 않고 어떻게 알 수 있어? 어린아이를 가둬놓고 고문했을 거라고 누가 상상이나 하겠어? 우리 강정에서도 어린아이를 잡아다 고문한 건 우리 성제뿐이거든. 그러니까 내가 병원에 가서 아무리 말 해봐, 4·3 때 고문받은 거라고 아무리 설명을 해봐야, 의사들이 4·3을 모르는데 무슨 진단서를 떼 줄 거야! 4·3에서 먼저 인정을 해줘야, 4·3을 모르는 사람들도, 병원 의사도, 우리 아들도, 우리 손지도 믿을 거 아니냐고!

　서울 중앙기자도 와 나고, 제주에 있는 신문사 기자도 와 나고, 우리 집으로 기자들이 열 번은 더 찾아왔었어. 그럼 뭐해! ᄀ라줘(말해줘) 봤자 자기들 돈벌이만 했주. 신문에, 텔레비전에 나와도 달라지는 건 하나도 없잖아. 몇 시간씩 사진 찍어가도, 고문 받았던 학교까지 데려강 카메라로 찍어 봐도, 아무것도 해결이 안 됐어. 나 가슴 답답한 거 응어리진 거 풀어주는 사람은 하나도 없어. 아이고! 나처럼 억울한 사람, 세상 아래 또 이시카(있을까)?

〈구술채록 정리 조정희〉